新訂版

トピックによる
日本語総合演習

テーマ探しから発表へ

上級

安藤節子・佐々木薫・赤木浩文・坂本まり子・田口典子

編著

スリーエーネットワーク

Published by 3A Corporation.
Trusty Kojimachi Bldg., 2F, 4, Kojimachi 3-Chome, Chiyoda-ku, Tokyo 102-0083, Japan

ISBN978-4-88319-867-2 C0081

First published 2001
Revised Edition 2010
New Edition 2020
Printed in Japan

はじめに

　『トピックによる日本語総合演習　テーマ探しから発表へ』は、勉学・研究のための日本語運用力を養成する目的で作成しました。内容中心で情報発信型の授業を目指したものです。学習者が「自分でテーマを探して調査、考察、発表をする」ことを目標とし、そのプロセスで情報収集、情報伝達、調査分析、原稿作成、発表などのスキルが養われます。トピックはそのための手段と位置付けていますが、さまざまな背景、専門分野の人たちが一緒に学べるように、多様な側面を包括したトピックを取り上げています。

　内容中心で産出型の授業は主に上級レベルに多くの事例が見られます。著者が担当したコースでも1997年1月からまず上級クラスにおいて実施しました。運用力の養成と同時に学習者が達成感を持ち、動機づけにつながることが確認されたので、同様のことをできるだけ早い段階から実施したいと考えました。一つのトピックについて内容理解を深めながら四技能を有機的に統合して活動するためには、まとまった長さの情報構造のある文章の読解、産出の力が必要ですが、トピックの抽象度や課の構成などを調整することにより初級終了段階からそれが可能であることが実証されました。また、この教材を使った授業において、学習者とのインタラクションを通して「学習者は非常に大きな可能性を持っている」ことに改めて気付かされ、教師の役割を捉えなおす機会となりました。

　『トピックによる日本語総合演習　テーマ探しから発表へ』は中級前期、中級後期、上級の3レベル3冊の教材となっています。上級は、本教材の他に生のデータと記事などの資料を併せてお使いください。

　改訂版の出版から10年を経たことを機に、グラフデータを主としてアップデートを行い、新訂版を出すことになりました。編集を担当してくださったスリーエーネットワークの田中綾子さん、中川祐穂さんに深く感謝いたします。

著者一同

この本を使う方へ

Ⅰ．概要

【目的】

　この教材で、「学習者は自国・自分自身のことについて、他国（日本など）との比較を通して意識的に捉えなおし、自分の国のことや自分の考えを日本語で発信できるようになること」を目標として授業活動を行います。現代日本の事情はそのきっかけとして提供されます。

　一連の活動のプロセスで次のような「調査発表のための日本語運用力」を養うのが本書の目的です。

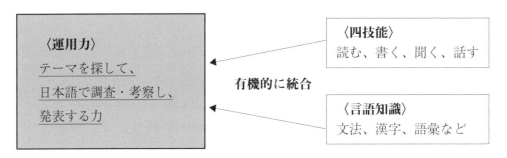

【トピックの選定】

　初期段階ではトピックについて広く浅く情報入手や情報交換を行い、段階を追って学習者が各自のテーマを探って調査発表を実施していきます。学習者の背景や興味・専門は多様であると予想されるので、国を越えて共有できる今日的話題であり且つ多様な側面を包括したものを選ぶようにしました。この本では「食文化」「仕事」「生活習慣と宗教」「リサイクル」「ジェンダー」の五つを取りあげています。

【本書の構成】

各トピック：詳しくは次の項を見てください。
調査・発表のための手引き：
　1．グラフの読み方
　　1）グラフの種類
　　　適切なグラフを作成する際の参考にする。
　　2）グラフの説明で使うことば
　　　グラフの用語を学ぶ。
　　3）グラフの説明で使う表現
　　　グラフを説明する際の表現を学ぶ。
　2．賛成意見、反対意見を述べるときの表現
　　意見交換、質疑応答の際に必要な表現を練習する。
　3．情報交換レジュメ
　　生の記事などを読んで他の人に内容を伝えたり、意見交換するときに配付する。

4．アンケート調査と口頭発表
　1）アンケート調査計画
　　　アンケート調査を行うときの方法や手順の参考にする。
　2）アンケートシートの例
　　　学習者が自分のテーマに沿ってシートを作る際の参考にする。
　3）アンケートの仕方
　　　アンケートを実施する際の手順と表現を学ぶ。
　4）アンケート調査結果の発表
　　　まず、アンケート調査の導入時に示して、学習者が活動の流れを把握し構成を
　　　考えるための参考とする。アンケート実施後、学習者はこの資料を参考にして、
　　　調査した結果を伝えられるようにまとめ、発表の表現を学ぶ。
5．インタビュー調査と口頭発表
　1）インタビュー調査計画
　　　インタビューを行うときの方法や手順の参考にする。
　2）インタビューの例
　　　インタビューの内容を考えるときの参考にする。
　3）インタビューの仕方
　　　インタビューを実施する際の手順と表現を学ぶ。
　4）インタビュー調査結果の発表
　　　学習者はこの資料を参考にして、調査した結果を伝えられるようにまとめ、発
　　　表の表現を学ぶ。
6．文献調査
　1）文献調査計画
　　　文献調査を行うときの方法や手順の参考にする。
　2）文献調査の仕方
　　　文献調査を実施する際の手順と方法を学ぶ。
　3）文献メモの例
　　　文献についてまとめる際の参考にする。
　4）文献調査結果のまとめ
　　　学習者はこの資料を参考にして、調査した結果を伝えられるようにまとめ、表
　　　現を学ぶ。
7．評価シート
　　　教師が評価をするときの目安にする。また、個々の活動に入る前にこの表を学習
　　者に示すことによって注意点やポイントを伝えることができる。
　1）情報交換発表評価
　2）アンケート調査発表評価
　3）インタビュー調査発表評価
　4）文献調査と冊子作成評価

【各トピックの構成と目的、養成されるスキル】

　新しいトピックに入るときに、活動の流れとそれによって養成される運用力について学習者が理解しておくよう、教師から学習者に説明します。

例1：導入 → グラフ情報 → 読み物 → 情報交換 → アンケート調査 →

　　　口頭発表

例2：導入 → グラフ情報 → 読み物 → 情報交換 → 文献調査 →

　　　冊子作成

〈はじめに〉
各トピックの導入部。トピックに関連して、知っていること、知りたいことなどについて話し合う。トピックを身近に感じ、続く活動の動機づけとする。

・ディスカッション

▼
▼

〈情報1：グラフ〉
グラフを理解し、内容を説明する。
「調査・発表のための手引き」の「グラフの読み方」を使い、前もって練習しておく。
トピックに関して広く一般情報を得る。（学習者間で共通の情報）

・グラフを読む
・グラフを説明する
・説明を聞く

▼
▼

〈情報2：読み物〉
トピックの一つの側面を取りあげた文章から情報を得る。（学習者間で共通の情報）

・精読
・関連語彙の習得
・表現の習得

▼
▼

〈情報交換〉
トピックに関連のある文章（生教材）を読み、レジュメを配って他の人に伝え、質問、意見交換を行う。
（インフォメーション・ギャップを埋める）
※生教材は、学習者の興味・日本語力によって、新聞や雑誌、インターネットから選んで準備してください。
（参考：https://www.3anet.co.jp/np/books/4914/）

・速読
・要約
・レジュメ作り
・情報伝達
・意見を述べる
・質疑応答

▼
▼

〈調査発表〉

これまで得た情報を元にして、個人またはグループで各自のテーマを絞り、調査発表を行う。

①日本語で調査する（次のいずれか）
　・アンケート
　・インタビュー
　・文献調査など
②発表の準備をする
　・原稿を書く
　・グラフなどの視覚資料を作る
③発表する（次のいずれか）
　・口頭発表と質疑応答
　・冊子作り

学習者が主体的に動き、教師はその活動をサポートする。
調査発表には日本人の参加や協力を得るとよい。

・アンケート調査
　シート作成
　実施
　結果考察
・インタビュー調査
　質問・聞き取り
　まとめ
・文献調査
　資料探し
　考察
・原稿作成
・発表(口頭または文章)
・質疑応答
・冊子作成
・フィードバック

【学習者と教師】

　「読み物」までは一斉授業ですが、「情報交換」の段階から学習者一人一人の目的や興味に合った個別のテーマ・内容で授業が進められます。教師は前面から裏方に移行し学習者のサポートをします。教師の役割は学習者が自律的な取り組み方を伸ばせるよう指導することです。

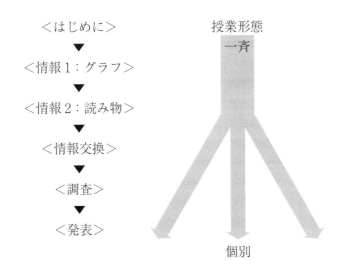

Ⅱ．コーススケジュール

【時間数の目安】

1トピック：15〜27時間

【コーススケジュールの例　2．仕事】

＊は巻末の「調査・発表のための手引き」です。

大枠内が本書使用の部分です。

日数	1時限 9:00〜9:50	2時限 10:00〜10:50	3時限 11:00〜11:50　／　4時限 12:00〜12:50	予習など
1	ショートスピーチ	文法	＊グラフの読み方　はじめに　情報1：グラフ	
2	漢字	速読	情報1：グラフ　情報2：読み物（語彙・表現）	クラスに臨む前に予習をする
3	ショートスピーチ	聴解	情報2：読み物（語彙・表現）（本文）	
4	漢字	作文	（本文）	
5	語彙	会話	情報交換：準備した記事を読む	
6	ショートスピーチ	文法	記事レジュメ作り　＊情報交換レジュメ	
7	漢字	速読	情報交換　＊情報交換レジュメ	
8	ショートスピーチ	聴解	調査発表：インタビュー調査と発表の方法について説明、テーマ決定　＊インタビュー調査計画　＊インタビューの例	
9	漢字	作文	インタビューのアレンジ、インタビュー実施　＊インタビューの例　＊インタビュー調査発表評価	
10	語彙	会話	インタビューのまとめ、原稿書き　＊インタビューの仕方	
11	ショートスピーチ	文法	原稿書き、資料作り　＊インタビュー調査結果の発表	
12	漢字	速読	資料作り、発表練習　＊インタビュー調査結果の発表	
13	ショートスピーチ	聴解	発表　＊インタビュー調査発表評価	
14	漢字	作文	フィードバック	

(6)

Ⅲ．進め方の例「2．仕事」

　ここでは「2．仕事」を事例として進め方を紹介します。授業の進め方は、そのとき
の学習者の日本語力や興味などによって一様ではありません。この例を参考にしながら、
個々の状況に合わせて授業を組み立ててください。

【1日目（約2時間）】
●授業の目的と進め方の説明
　授業の目的および各課の構成部分の目的（「Ⅰ．概要（p.(2)）」参照）を説明し、最
終的には調査発表を行うことを学習者に理解してもらいます。

●グラフの表現の練習
　「調査・発表のための手引き（以下「手引き」と呼ぶ）」の「グラフの読み方（p.100）」
を使ってグラフの説明の仕方を練習します。今後の活動のために必須です。（1度練習
すればよく、二つ目以降のトピックでは必要ありません。）

●トピック「仕事」の導入
　トピックが「働くこと」であることを伝え、「はじめに（p.22）」のページの指示に従っ
て、「仕事」について自由に発言させます。個人的経験を中心にすると発言が出やすく、
トピックを自分自身の問題として捉えられるようになります。
　教師は学習者がことばに詰まったときに補助したり、全員が均等に発言できるよう
に質問を向け、重要な語句は板書します。次に、「はじめに」に示した関連語彙を確認
しながら更に意見を引き出していきます。語彙は、学習者の日本語力と興味によって
適宜追加省略します。
　学習者からは「アルバイト経験」「子どものころ就きたかった仕事」「ある仕事に就
くためにどんな勉強が必要か」「会社を選ぶときの条件」「自分に向いている仕事は何
か」「仕事は自分にとって何か」などについての発言が今まで出ています。国による違
いなどに注目し、意見を出し合うことによってトピックに興味を持ってもらいます。

【2日目（約2時間）】
●「グラフ」を読む（p.24〜p.27）
　「情報1」にあるグラフから適当なものを選んで学習者に説明させ、そこから何がわ
かるか考えさせます。各自の経験・体験や各国の雇用制度や労働事情について互いに
紹介すると、違いが明らかになり、おたがいに興味をもち活発に質問しあうのでその
ための時間もとります。

●「読み物」の語彙の学習（p.35〜p.36）
　「語彙」は予習が前提になっているので、一通り発音を確認します。使用に注意を要
する語や辞書だけではわかりにくい語については、教師が意味や用法を説明します。
動詞の場合は助詞の使い方にも注意を促します。

【3日目（約2時間）】
●「読み物」の表現の学習（p.31〜p.34）
　教師が表現を説明した後、例文読み、短文完成に移ります。各自作成した文を口頭で発表させます。口頭ではできていても表記すると間違えることが多いので、書いたものを提出させて教師が確認します。

【4日目（約2時間）】
●「読み物」を読む（p.28〜p.30）
1．各自黙読させてから、大まかな内容質問をして学習者が大意をつかんでいるかどうか確認します。
2．もう一度文章の最初から次のような細かい点に気をつけて1文ずつ読んでいき、より正確に文章の意味することを理解します。
　　・主語の抜けている文
　　・指示詞、指示語の確認
3．本文についての問題をします。
　　授業では答えを口頭で言わせますが、答えは書いて提出させます。

【5日目（約2時間）】
●情報交換の記事選び
　教科書の**フローチャート**（p.37）を見せて情報交換の流れを説明します。準備した記事の中から、学習者が自分で読みたい記事を選び、各自で読みます。

【6日目（約2時間）】
●情報交換のレジュメ作成
　学習者は「**手引き**」の「**情報交換レジュメ**（p.105）」に記事の内容をまとめ自分なりの考察を加えます。発表原稿ではないので、要点をまとめ、箇条書きにするように指導します。

【7日目（約2時間）】
●情報交換
　学習者は各自、担当した記事についてレジュメに沿って説明し、情報交換および意見交換を行います。

【8日目（約2時間）】
●インタビューの導入と説明
　インタビューの流れを**フローチャート**（p.39）を見せて説明し事前準備とします。「**手引き**」の「**インタビュー調査計画**（p.112）」「**インタビュー調査結果の発表**（p.115〜p.116）」と「**インタビュー調査発表評価**（p.124）」で注意点やポイントの概略を説明します。

●**テーマ探しと決定**

1. 学習者はグラフ、読み物などから今までに得た情報を元に、インタビューのテーマとして考えられる題材を出し合います。

2. 学習者が思いつくままに挙げた項目を教師が板書して「このテーマについてインタビューでどのような質問が考えられるか」など確認しながらインタビューを具体的なものにしていきます。ここではテーマを深く追求することはせず、挙げられた項目について学習者に各自調査の可能性を考えさせます。

3. 学習者は授業時間内に自分のテーマを決定し、教師は同じテーマに集中しないように調整するといいでしょう。クラスの規模や学習者の希望によっては共同発表も考えられます。過去に学習者が選択したテーマには次のようなものがありました。自国・自分自身のケースの紹介、日本・日本人との比較が多く見られました。「翻訳・通訳の仕事について」「日本人の働き方」「働き方を選ぶときの条件」「サラリーマンのアフター５」

●**インタビューについての説明**

「**手引き**」の「**インタビューの例**（p.113）」を見せ、これに従って各自インタビュー内容を考えることを宿題にします。作成にあたっては次のような注意点を挙げます。

・インタビューとアンケートの違い
・インタビューの対象者
・目的を明確にし、結果を予想しながら一貫性のある質問内容を考える

【**9日目（約2時間）**】

●**インタビューのアレンジ**

インタビューを行う対象者を決め、学習者は「**手引き**」の「**インタビューの仕方**（p.114）」を参考に電話やメールで連絡して約束をします。インタビューの相手は、学習者が自分で見つけられない場合も多いので、教師が前もって心当たりを打診しておきます。これまで商店主、警察官、会社事務員、などにインタビューを行った例があります。ホームステイをしている場合はその家族に協力してもらってもいいでしょう。学習者が電話をする前に教師からコンタクトをとり、授業活動の主旨を説明しておく必要があります。

●**内容の指導**

一人ずつ個別にインタビュー内容についてアドバイスを行います。注意点が守られていないもの、質問の意図がわかりにくいもの、結果のまとめが困難になりそうなうなものについては適宜アドバイスをします。学習者は、各自原稿の導入部分（インタビューの目的など）を書き始めます。

●**インタビューの実施**（時間外）

学習者は録音機材を用意し、相手に録音の許可を取った上で録音します。

【10日目（約2時間）】
●**インタビューのまとめ**（個別指導）

「**手引き**」の「**インタビュー調査結果の発表**（p.115〜p.116）」を参考に発表の構成を考え、原稿を書き進めます。

【11日目（約2時間）】
●**原稿を完成する**（個別指導）

教師は、構成についてのアドバイスをし、文法、語句の間違いを直します。できるだけ学習者の意思を尊重しその思考に沿うように指導します。原稿に難しい語句が多いと発表のときに下を向いたまま原稿を読んでしまうので、学習者の書いた文を生かすようにして助言したほうがいいでしょう。

【12日目（約2時間）】
●**発表資料の作成**（個別指導）

学習者は発表の際に配付するハンドアウトなどの資料を作成します。この際、効果的な発表資料になっているかどうかをチェックします。

●**発表の仕方**

「**手引き**」の「**インタビュー調査発表評価**（p.124）」を再度確認し、発表のときの注意点を挙げます。評価シートを見せてポイントを示します。時間があれば個別に発音指導を行います。

【13日目（約2時間）】
●**発表**

当日は日本人学生などをビジターとして招き、質疑応答に参加してもらうことが望ましいでしょう。簡単なコメントシートを作って全員に配布し記入してもらい、後で発表者に渡します。教師は「**インタビュー調査発表評価**（p.124）」に従って評価します。評価表の「４３２１０」は、その項目が４点満点であることを示します。「④　３　２　１　０」または「４　３　②　１　０」のように各項目を評価して、合計を下に記入してください。

録画してフィードバック時に見せるとより効果的です。

【14日目（約1時間）】
●**フィードバック**

インタビューの仕方、原稿のまとめ、発表の仕方について、よかった点、改善したい点を学習者に考えさせます。教師は重要なポイントをまとめてコメントします。

目 次

調査・発表のための手引き

本書を使う際に役立つ資料が、当社ホームページにあります。
https://www.3anet.co.jp/np/books/4914/

凡　例

N	名詞
Na	な形容詞（普通形）
Na-	な形容詞（語幹）
Na-な	な形容詞（名詞修飾形）
A	い形容詞（普通形）
A-	い形容詞（語幹）
A-ければ	い形容詞（ば形）
V	動詞（普通形）
V-	動詞（ます形）例：飲み、食べ
V-る	動詞（辞書形）
V-ない	動詞（ない形）
V-た	動詞（た形）
V-ば	動詞（ば形）
S	文、節（普通形）
…	文（普通形に限らない）

1. 食文化

I. はじめに

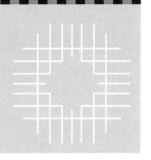

●話し合ってみましょう

◇次の中に絶対に食べたくないと思うものがありますか。

〔 タコ　カエル　ウサギ　生卵　馬肉（ばにく） 〕

◇料理はその国（地域、民族など）の文化が反映されていると思いますか。

◇材料、料理法、食べ方、マナー、料理の出し方やタブーについて考えてみましょう。

1. 食事をするときに大切だと思うこと

ビタミン、カルシウムなどの a（　　　　　　　　　）のバランス

甘い、辛いなどの b（　　　　　　　）

値段、安全性、鮮度（せんど）、満腹感（まんぷくかん）、見た目の美しさ

答え　1. a栄養（えいよう）　b味

2．食事の取り方

家で作った

a（　　　　　　　　　　　　）料理

b（　　　　　　　　　　）食品

間食 夜食 外食 中食
（かんしょく）（やしょく）（なかしょく）

3．その他

賞味期限（しょうみ きげん）　消費期限

食品廃棄（はいき）　生産地

食育（しょくいく）　サプリメント

食品添加物（てんかぶつ）　遺伝子組み換え食品（いでんしくみかえ）

答え　2．a家庭／手　bインスタント

Ⅱ. 情報 1：グラフ

グラフからどんなことがわかりますか。説明して話し合いましょう。
☞ p.100～102「グラフの読み方」

A　家族と一緒に夕食を食べるか

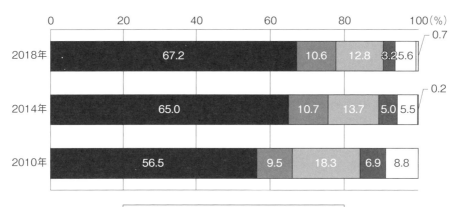

| | ■ほとんど毎日　■週に4～5日　■週に2～3日 |
| ■週に1日程度　□ほとんどない　■無回答 |

対象者：20 歳以上の男女／有効回答者数：2018 年 1,633 人、2014 年 1,658 人、2010 年 1,708 人
農林水産省 消費・安全局「食育に関する意識調査報告書」2019 年、内閣府食育推進室「食育に関する
　　意識調査報告書」2015 年、「食育の現状と意識に関する調査報告書」2011 年に基づく

B　朝食を毎日食べるか

男性　　　　　　　　　女性

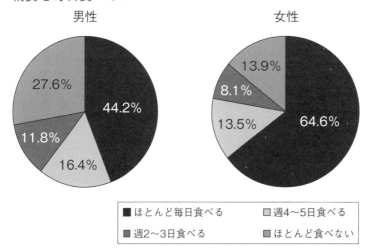

| ■ほとんど毎日食べる　　■週4～5日食べる |
| ■週2～3日食べる　　　　■ほとんど食べない |

対象者：新潟県、富山県、石川県、福井県の大学等の学生／有効回答者数：1,675 人
農林水産省 北陸農政局「平成 28 年度大学生を対象とした食育に関わるアンケート調査」2018 年に基づく

4

C　外食率と食の外部化率の推移

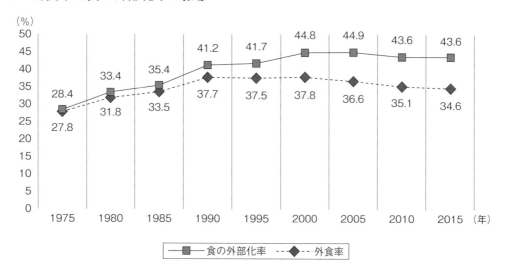

食の外部化：うちで料理をせず、外食したり調理済みのものを買ってきて食べたりすること
公益財団法人 食の安全・安心財団「外食率と食の外部化率の推移」に基づく

D　食の安全に不安を感じるか

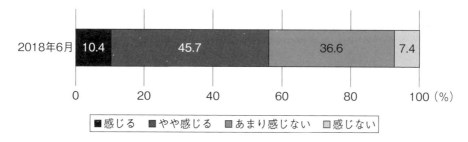

有効回答者数：10,510 人
マイボイスコム株式会社調べ「食の安全に関するアンケート調査（第6回）」2018 年に基づく

E　食べ物を選ぶ際の重視点
食べ物や飲み物を選ぶ際にとても重要だと考える割合

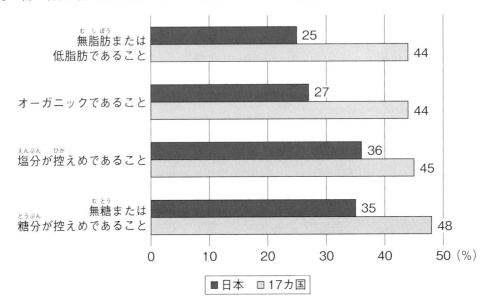

※17カ国：アルゼンチン、オーストラリア、ベルギー、ブラジル、カナダ、中国、フランス、ドイツ、イタリア、
　　　　日本、メキシコ、オランダ、ロシア、韓国、スペイン、イギリス、アメリカ
※「極めて重要」から「全く重要でない」の5段階評価の内の上位2つ「極めて重要」と「かなり重要」の合計
対象者数：17カ国 23,000人
「GfK グローバル意識調査：食べ物を選ぶ際の重視点」2017年に基づく

F　食事のマナーで気になること

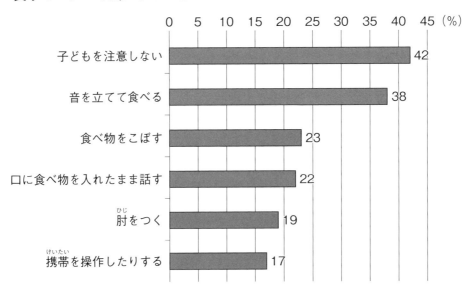

有効回答者数：4,654人（複数回答）
「@ nifty ニュース」2013年に基づく

G 諸外国の食料自給率（カロリーベース）の推移

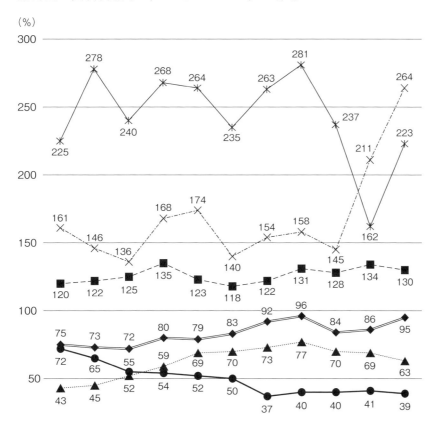

(%)

| 年 | 1963 | 1968 | 1973 | 1978 | 1983 | 1988 | 1993 | 1998 | 2003 | 2008 | 2013 |

オーストラリア: 225, 278, 240, 268, 264, 235, 263, 281, 237, 162, 223

カナダ: 161, 146, 136, 168, 174, 140, 154, 158, 145, 211, 264

アメリカ: 120, 122, 125, 135, 123, 118, 122, 131, 128, 134, 130

ドイツ: 75, 73, 72, 80, 79, 83, 92, 96, 84, 86, 95

日本: 72, 65, 55, 54, 52, 50, 37, 40, 40, 41, 39

イギリス: 43, 45, 52, 59, 69, 70, 73, 77, 70, 69, 63

——✳—— オーストラリア ······✕···· カナダ ——■—— アメリカ
——◆—— ドイツ ——●—— 日本 ······▲······ イギリス

農林水産省「諸外国・地域の食料自給率等」に基づく

H　国民一人当たりの供給食料の推移（1年）

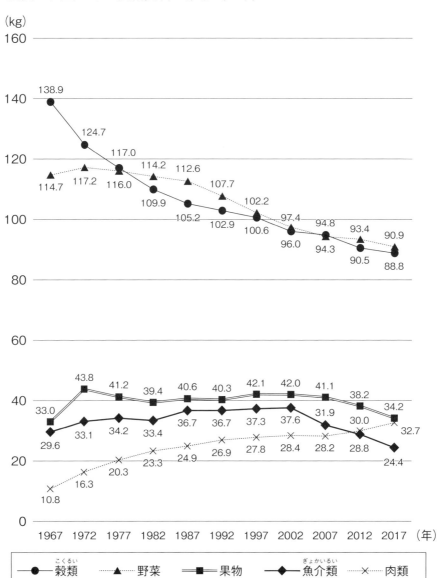

農林水産省「平成29年度食料需給表」2019年に基づく

Ⅰ-1　食品ロスの例

　【家庭】食べ残し・期限切れ・食べられる部分も捨てる

　【外食産業】食べ残し・作りすぎ

　【食品 卸 売 業 ・小売 業】売れ残り・返品・期限切れ
　　　　おろしうりぎょう　　こうりぎょう　　　　　　　　へんぴん

　【食品製造業】製造時のロス・返品

Ⅰ-2　食品ロスはどのくらい発生しているか（合計643万トン）
　　　　　　　　　　　　　　　はっせい

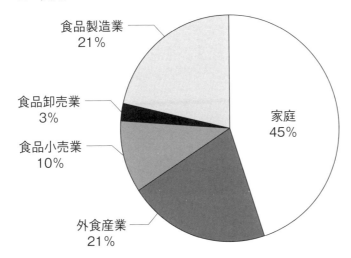

食品製造業
21％

食品卸売業
3％

食品小売業
10％

外食産業
21％

家庭
45％

環境省「食品ロスポータルサイト」（平成28年度推計）に基づく
　　　　　　　　　　　　　　　へいせい　　　すいけい

- ●「生で食べるか、焼いて食べるか」
- ●「生で食べるか、焼いて食べるか」を読んで
- ●表現
- ●語彙

●「生で食べるか、焼いて食べるか」

　「ごちそう」とはどんな食べ物のことか、フランス人の友人と話し合ったことがある。私が「生きのいい魚を使ったさしみが一番先に浮かんだ」と言うと、その友人は「ごちそうというのは、やっぱりじっくり焼いておいしいソースをかけた肉料理かな」と答えた。国による違いであろうか。もちろん、好みは人によってさまざまだから一概には言えないが、私たち二人のイメージを象徴する三角形の図を思い出した。

　以前目にしたレヴィ＝ストロースの「料理の三角形」がそれである。レヴィ＝ストロースはこの分析によって食文化論に大きな影響を与えたフランスの文化人類学者である。その著書の中で、料理を「生のもの」と「火を通したもの」と「腐ったもの」に分類している。「生のもの」とは言うまでもなく自然のままのもののことで、素材に手を加えた文化的変形が「火を通したもの」である。「腐ったもの」とは放置した自然的変形のことで、「発酵したもの」と考えるとわかりやすい。つまり、彼の考えでは、生のものは文化的変形も自然的変形も加えられていない文化から遠い存在なのだろう。

　このことは友人が言ったごちそうのイメージに通じるものがある。手を加えた料理をプラスイメージでとらえている。加工なくして料理とは言えないのだろう。フランス語の料理するという意味のことばは「キュイール（cuire）」で、焼く、煮る、ゆでるを表す。同様に、英語の「クック（cook）」も中国語の「ポンティャオ（烹调）」も熱を加えて処理するという意味を持つ。このような言語の地域においては、熱を加えていないさしみは原始的で、文化からほど遠いということになるのだろう。つまり、「手の込んだソースがたっぷりかかった料理」

は文化的で、素材に近いさしみは料理されていない、文化から遠い存在ということになってしまう。しかし、「生もの→新鮮なもの→ごちそう」という感覚を持つ日本人にすれば生きのいい魚のさしみ、特に生け造りは上等な料理の一つである。そこでは、いい素材を選び、新鮮なうちに手際よく料理してきれいに盛り付けることが、一流の料理人の腕とされている。「生がいちばん」という魚料理に対する価値観は、「生で食え、焼いて食え、煮て食え、捨ててしまえ」という序列をつけたことばの中にも見ることができる。

　「生のもの」をよしとするか、「火を通したもの」をよしとするか、調理法とそれにともなうイメージにも文化の違いが見られる。

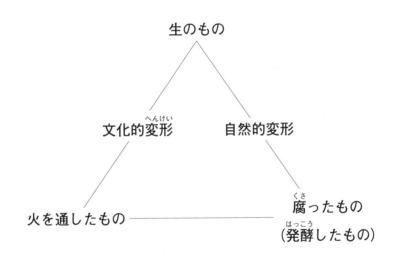

レヴィ＝ストロースの「料理の三角形」

参考文献：和仁皓明「おいしく食べる知恵」『食文化入門』石毛直道、鄭大聲編
講談社 1995 年

クロード・レヴィ＝ストロース著、西江雅之訳「料理の三角形」『レヴィ＝ストロースの世界』みすず書房 1968 年

●「生で食べるか、焼いて食べるか」を読んで

1. 次の文を読んで、本文の内容と合っているものには○を、違っているものには×を（　　）の中に入れてください。

1）（　　）　筆者とフランス人の友人はごちそうに対して同じイメージを持っていた。

2）（　　）　レヴィ＝ストロースは、ごちそうのイメージを三角形（さんかくけい）で表した。

3）（　　）　レヴィ＝ストロースの考え方では、「発酵（はっこう）したもの」は文化から遠い料理と考えられる。

4）（　　）　日本人は焼いた魚料理より、生の新鮮（しんせん）な魚料理のほうが上等だと考えている。

5）（　　）　魚料理に対する価値観（かちかん）には文化の違いが見られる。

6）（　　）　「火を通したもの」と「発酵したもの」は変形（へんけい）が加（くわ）わったという点では同じである。

2. 次の質問に答えてください。

1）フランス人の友人のごちそうのイメージと「料理の三角形」とはどういう点で共通していますか。

2）「このような言語」（19行目）では、料理をどのように考えていますか。

3）「生で食え、焼いて食え、煮（に）て食え、捨ててしまえ」をわかりやすく説明してください。

4）あなたの国では、食文化に関してどんな特徴（とくちょう）がありますか。具体的に説明してください。

●表現

1．〜によって

1）居眠り運転によって発生する事故が多い。

2）社長の交代によって社内の雰囲気が変わり、社員の労働意欲が高まった。

3）山の木を無計画に切ったことによって洪水が起こった。

4）外国で生活することによって自国の文化を客観的に見ることができる
ようになった。

5）新しいコンピューターシステムを導入したことによって

_____。

6）_____ によって _____。

●レヴィ＝ストロースはこの分析によって食文化論に大きな影響を与えた
フランスの文化人類学者である。

解説【N】によって…
⇒【N】が原因で「…」という結果になる。

2．言うまでもなく

1）言うまでもなく、それぞれの社会にはそれぞれのルールがある。

2）言うまでもなく、完璧な人などいるはずがない。

3）語学の学習においては、言うまでもなく、日々の積み重ねが最も大切
である。

4）ある銀行員が不正にお金を貸していることが発覚した。言うまでもな
く、彼は解雇された。

5）言うまでもなく、_____。

●「生のもの」とは言うまでもなく自然のままのもののことで、素材に手
を加えた文化的変形が「火を通したもの」である。

解説 言うまでもなく…
⇒「…」は、言う必要がないほど当然なことだ。

3．〜なくして〜ない

1）スタッフ全員の協力なくして、プロジェクトの成功はない。

2）不断の努力なくして、夢を実現することはできない。

3）お互いの文化を理解しようという気持ちなくして、真の国際交流は成り立たない。

4）あの映画は涙なくして見ることができないほど感動的だった。

5）信頼関係なくして＿＿＿＿＿＿＿＿＿＿＿＿＿＿＿＿＿＿＿＿＿＿。

6）＿＿＿＿＿＿＿＿＿＿＿＿＿＿なくして＿＿＿＿＿＿＿＿＿＿＿＿＿＿。

●加工なくして料理とは言えないのだろう。

解説【N】なくして…ない
　　⇒【N】がなかったら「…」できない。（改まった表現）
　　あることを成し遂げるために【N】が絶対必要だ。

4．〜において

1）本日午前11時より、7番教室において、中級クラスの調査発表が行われます。

2）村上春樹は、日本文学において、歴史に残る作家の一人である。

3）子どもの教育において重要なのは、知識を与えるだけでなく自分で考える力を持たせることだ。

4）人間関係において最も重要なのは相手の気持ちを考えることだ。

5）外国語の学習において、必要なことは＿＿＿＿＿＿＿＿＿＿＿＿＿＿＿

＿＿＿＿＿＿＿＿＿＿＿＿＿＿＿＿＿＿＿＿＿＿＿＿＿＿＿＿＿＿＿＿。

6）＿＿＿＿＿＿＿＿＿＿＿＿＿＿＿において＿＿＿＿＿＿＿＿＿＿＿＿＿

＿＿＿＿＿＿＿＿＿＿＿＿＿＿＿＿＿＿＿＿＿＿＿＿＿＿＿＿＿＿＿＿。

●このような言語の地域においては、熱を加えていないさしみは原始的で、文化からほど遠いということになるのだろう。

解説【N】において
　　⇒【N】で（範囲、分野、場所を示す。）

5．〜にすれば

1）梅雨の長雨も、農家の人にすれば恵みの雨ということになる。

2）我々が日頃慣れ親しんでいることも、外国の人にすれば、奇妙に見えることがあるかもしれない。

3）彼にすれば、ほんの冗談のつもりだったのだろうが、社会的な問題にまで発展してしまった。

4）島には空港ができ、飛行機で行けるようになった。しかし、そこに住んでいた動物たちにすれば、住みかを追われただけだ。

5）親は子どものためを思っていろいろ言うが、子どもにすれば、＿＿＿＿＿＿

＿＿＿＿＿＿＿＿＿＿＿＿＿＿＿＿＿＿＿＿＿＿＿＿＿＿＿＿＿。

6）＿＿＿＿＿＿＿＿＿＿＿＿＿＿にすれば＿＿＿＿＿＿＿＿＿＿＿＿＿＿。

● 「生もの→新鮮なもの→ごちそう」という感覚を持つ日本人にすれば生きのいい魚のさしみ、特に生け造りは上等な料理の一つである。

解説 【N】にすれば…
⇒【N】の立場で考えた場合、「…」と言える。

6．〜にともなう

1）ビザの延長にともなう手続きは複雑だ。

2）少子化にともなう学生数の減少が教育界の大きな問題になっている。

3）不況にともなうリストラによって失業者が増え、社会不安が増した。

4）地球温暖化が進んでいる。それにともなう生態系への影響について、学会で報告が行われた。

5）大都市への人口集中にともなう問題として＿＿＿＿＿＿＿＿＿＿

＿＿＿＿＿＿＿＿＿＿＿＿＿＿＿＿＿＿＿＿＿が考えられる。

● 調理法とそれにともなうイメージにも文化の違いが見られる。

解説 【N₁】にともなう【N₂】
⇒【N₁】と関連して発生する【N₂】

ごちそう	ご￢ちそう
生きの(が)いい	い￢きのい￢い
浮かぶ	う￢かぶ
	・いろいろ考えたが、いいアイデアが浮かばない。
じっくり	じ￢っく￢り
一概には(〜ない)	い￢ちがいに￢は
	・医学の進歩が人間を 幸せにするとは一概には言えない。
象徴(する)	しょ￢うちょう
	・白いハトは平和を象徴する鳥です。
目にする	め￢にする
	・最近、家の近くでもごみに集まるカラスを目にするようになった。
文化人類学	ぶ￢んかじんる￢いがく
素材	そ￢ざい
変形	へ￢んけい
放置(する)	ほ￢うち
	・この自転車は1週間ぐらい前からここに放置されている。
発酵(する)	は￢っこう
(〜に)通じる	つ￢うじる
	・茶道の精神は禅に通じるものがある。
(〜で)とらえる	と￢らえ￢る
	・この小説は人間社会を猫の視点でとらえた小説である。
加工(する)	か￢こう
ゆでる	ゆ￢で￢る
処理(する)	し￢より
	・スーパーコンピューターは大規模のデータを一 瞬 で処理できる。
原始的(な)	げ￢んしてき
ほど遠い	ほ￢どとお￢い
	・地球温暖化を防止するため各国が努力しているが、目標のレベルにはほど遠い。
生け造り	い￢けづ￢くり
上等(な)	じょ￢うとう

手際よく	て⌐ぎわよ⌐く
	・友達は引っ越しに慣れているので、たくさんある荷物を短い時間で手際よく片付けた。
盛り付ける	も⌐りつけ⌐る
価値観	か⌐ち⌐かん
序列	じょ⌐れつ
よしとする	よ⌐しとする

Ⅳ.情報交換

新聞、雑誌の記事などを読んで伝えましょう。

●情報交換の流れ

【記事選び】	記事を選ぶ トピックに関連のある記事や文章を探す （一人または二、三人で一つの記事）

【準備】	記事を読む 各自、担当した記事や文章を読み、概要_{がいよう}をつかむ

	レジュメを作成する キーワードを拾い、要約し、意見・感想をまとめる ☞ p.105「情報交換レジュメ」

【情報交換】	発表する ‥‥‥‥‥‥‥‥‥‥‥‥‥‥‥‥‥‥‥‥ 意見交換をする 記事ごとに意見交換をする ☞ p.103〜104「賛成意見、反対意見を述べるときの表現」

V.調査発表

アンケート調査と口頭発表

次のようなことについて、アンケート調査をして、発表してください。

・インスタント食品

　　利用状況と考え方

・食事で注意していること

　　規則正しい食事、栄養のバランス、カロリー、塩分、動物性食品

・食習慣

　　時間、回数、間食、夜食

・食べ物を残すこと

　　残すことがあるかどうか、どんなとき、何を、どう思うか、

　　どうしたらいいか

・家庭料理／外食／中食（弁当・惣菜）

　　どんなとき、どんなもの、価格

・栄養補助食品（サプリメント）

　　利用状況とその是非

・食の安全性

　　添加物（保存料など）、農薬、遺伝子組み換え食品、生産地、生産者

●アンケート調査の流れ

【アンケート】

テーマを決定し、計画を立てる
・アンケートの目的と対象を考える
☞ p.106「アンケート調査計画」

アンケートシートを作成する
・質問を考える
☞ p.107〜108「アンケートシートの例」

アンケートを実施する
☞ p.109「アンケートの仕方」

アンケートを集計する

【原稿作成】

わかったことをまとめて原稿を書く
・アンケートの回答を分析、考察する
・構成を考え、原稿を書く
・資料（グラフや図）を作る
☞ p.110「アンケート調査結果の発表」（1）発表の構成

【発表】

発表する
☞ p.110〜111「アンケート調査結果の発表」（2）発表の表現

質問に答える

20

2.仕事

Ⅰ.はじめに

●話し合ってみましょう

◇将来、どんな仕事に就きたいと思っていますか。

◇仕事を選ぶとき、何が大切ですか。

◇何のために働きますか。

1.仕事を見つける

仕事を探すこと	→	就^a（　　）活^b（　　）
仕事に就くこと	→	^c（　　）職
仕事や会社を変えること	→	^d（　　）職
仕事がなくなること	→	失^e（　　）

答え 1. a職　b動　c就　d転　e業

２．労働条件

収入：給料、ボーナス

労働時間：

・決められた時間以上の仕事をする。→ ª（　　　）業

・自分で始業・終業時間を選べる。→ ᵇ（　　　　　）タイム

・休んでも給料は減らない。→ ᶜ（　　　）休暇

・週休二日制

３．雇用形態・雇用制度

正規社員 ⟷ ・ ª（　　　　　）社員

　　　　　・契約社員

　　　　　・派遣社員

　　　　　・パートタイム

　　　　　・アルバイト

・年が上だったら地位や給料も高い。→ ᵇ（　　　）序列制

・仕事ができる人がたくさん給料をもらう。→ ᶜ（　　　）制度

・会社が社員を定年まで雇う。→ ᵈ（　　　）雇用制

４．企業の種類

大企業

中小企業

ベンチャー企業

５．その他

やりがい　生きがい

定年　　退職

フリーター　副業　再雇用

答え　２．a残　bフレックス　c有給　　３．a非正規　b年功　c能力給　d終身

Ⅱ.情報 1：グラフ

グラフからどんなことがわかりますか。説明して話し合いましょう。
☞ p.100〜102「グラフの読み方」

A　年間総実労働時間の国際比較（一人当たり）

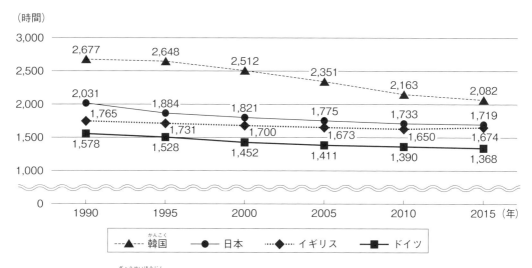

独立 行政法人 労働政策研究・研修機構『データブック国際労働比較（2018年版）』に基づく

B　完全失業率の推移

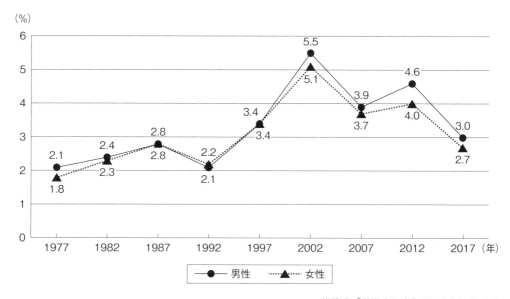

総務省「労働力調査」2019年に基づく

C　大学卒業後の状況

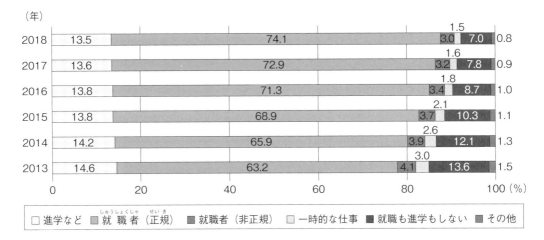

進学など：大学院、大学、短大、専修学校、海外留学、研修医などを含む
就職も進学もしない：進学・就職の準備中、家事手伝いなど
文部科学省「学校基本調査－平成30年度結果の概要－」2018年に基づく

D　選考にあたって重視した点

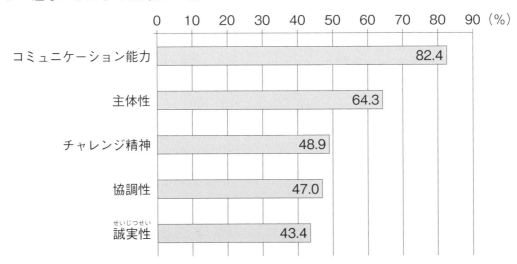

有効回答社数：597社
一般社団法人　日本経済団体連合会「2018年度　新卒採用に関するアンケート調査結果」2018年に基づく

E 転職に対する考え方

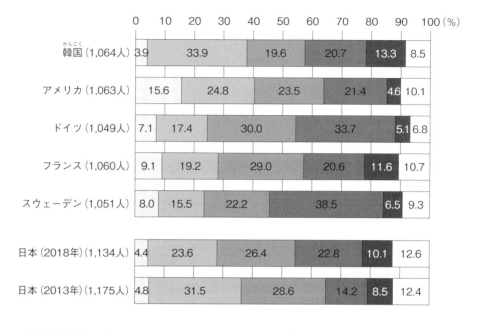

□ 一生一つの職場で働くべき　■ できるだけ同じ職場で働きたい　■ 転職もやむを得ない

■ 不満があれば転職するほうがよい　■ 積極的に転職するほうがよい　□ わからない

※日本以外の国は 2018 年のデータ
対象者：各国とも 13 歳から 29 歳までの男女
内閣府「我が国と諸外国の若者の意識に関する調査（平成 30 年度）」2019 年に基づく

F 昇進・昇給の方法

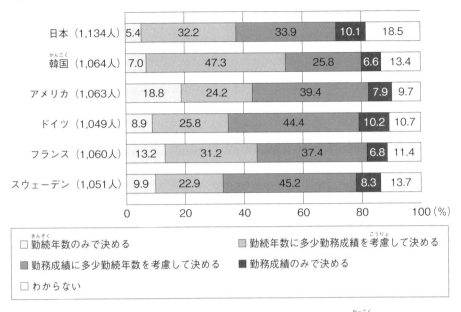

	勤続年数のみで決める	勤続年数に多少勤務成績を考慮して決める	勤務成績に多少勤続年数を考慮して決める	勤務成績のみで決める	わからない
日本（1,134人）	5.4	32.2	33.9	10.1	18.5
韓国（1,064人）	7.0	47.3	25.8	6.6	13.4
アメリカ（1,063人）	18.8	24.2	39.4	7.9	9.7
ドイツ（1,049人）	8.9	25.8	44.4	10.2	10.7
フランス（1,060人）	13.2	31.2	37.4	6.8	11.4
スウェーデン（1,051人）	9.9	22.9	45.2	8.3	13.7

□ 勤続年数のみで決める　　　　■ 勤続年数に多少勤務成績を考慮して決める
■ 勤務成績に多少勤続年数を考慮して決める　　■ 勤務成績のみで決める
□ わからない

対象者：各国とも13歳から29歳の男女
内閣府「我が国と諸外国の若者の意識に関する調査（平成30年度）」2019年に基づく

G 起業予定の有無

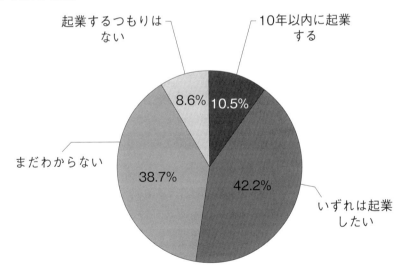

起業するつもりはない 8.6%
10年以内に起業する 10.5%
いずれは起業したい 42.2%
まだわからない 38.7%

対象者：起業に関心がある18歳から69歳の男女／有効回答者数：1,000人
日本政策金融公庫総合研究所「起業と起業意識に関する調査」2019年に基づく

Ⅲ. 情報２：読み物

- ●「働くということ」
- ●「働くということ」を読んで
- ●表現
- ●語彙

●「働くということ」

　人が「働く」というのは、どのような意味があるのだろうか。「働く」といえば、自分の仕事に取り組むことで社会の一員となって貢献し、自分が働いた分、その報酬を得ることである。同時に、人は「なぜ働くのか」「どのように働くのか」と、自分自身に問いかける。

5　経済学者の太田肇氏は、「人は働くことに三つの価値を見つける」と述べている。まず一つ目は個人の夢や目標に関する価値である。人は働くことで、夢や目標を達成する。つまり、富や地位を得たり、社会的な貢献をしたり、自分の能力を試したりする。それらは、働きがいや、仕事への動機につながる。

　二つ目は仕事のプロセスに関する価値である。自分の判断や責任で仕事が行
10　えたり、日々の仕事の内容が面白かったりすれば、充実感が得られ、自己実現の欲求を満足させることができる。

　三つ目は生活の維持に関する価値である。これには収入の安定した生活はもちろん、職場の人間関係などの精神的な部分も含まれている。その職場で安定した収入を得るとともに、気持ちよく働くことができなければ、安心して毎日
15　の生活を送ることはできないだろう。太田氏は、充実した職業生活を送るには、この三つの価値のバランスが重要だとしながらも、実際には、個人の価値観や社会の変化によって大きく変わると指摘する。

　若者の仕事に対する姿勢を示す一例として、新聞で次のような記事を見つけた。
20　A君（20歳）は、高校時代、認知症だった祖父に何もしてあげられず、悔し

い思いをしたことから、介護の仕事を選んだ。しかし、その施設が経営に失敗し、職を失ってしまった。その後、アルバイトをしていたコンビニで正社員にならないかと、誘われた。彼は迷ったが、「自分が生き生きと働けるのは介護だ」と気がついた。好きな仕事だからといって決して楽だというわけではなく、収入も少ないが、再び介護の仕事を探して就職した。彼は心を込めて働き、今は自分が必要とされていると実感し、その実感は仕事をする喜びにも結びついたという。そしてその喜びを、後輩たちにも伝えたいと新たな意欲を見せている。働くことに、彼自身の生き方そのものが反映しているといってもいい。A君は介護の仕事をすることで、社会で自分らしさを発揮している。現実には三つの価値のバランスをとるのは難しいが、A君のように充実した職業生活を送っている例もある。

このように、人は働くことに何らかの意味を見つけ、仕事を選ぶときの条件にしたり、日々の仕事への意欲を高めたりしている。「夢や目標のためなら収入は少なくてもいい」という人もいれば、「お金のためなら、ほかのことは我慢できる」という人もいる。だからこそ、どう働くかが、意味を持ってくる。どう働くかは、どう生きるかに結びついていると言える。

●「働くということ」を読んで

1. 次の文を読んで、本文の内容と合っているものには○を、違っているものには×を（　　）の中に入れてください。

1）（　　）　なぜ、どのように働くかは、働くことの個人的な面である。

2）（　　）　自分の判断で仕事ができることは、プロセスに関する価値である。

3）（　　）　安心した生活を送るには、収入面より精神面のほうが大切である。

4）（　　）　三つの価値のバランスは個人によってあまり違いがない。

5）（　　）　A君はコンビニの正社員になった。

6）（　　）　A君の今の仕事は収入が少ないので、充実した職業生活とは言えない。

7）（　　）　どのように働くかは、その人の生き方を反映しない。

2. 次の質問に答えてください。

1）太田氏の述べている三つの価値とは何ですか。

2）A君は介護施設で働くことに、どのような意味を見つけていますか。

3）あなたにとって「充実した職業生活」とはどのようなものですか。

●表現

1．〜といえば

1）モンゴル<u>といえば</u>馬がいる広い草原（そうげん）を想像する人が多いのではないだろうか。

2）アニメ<u>といえば</u>子どものものというイメージがあったが、日本に来て大人も楽しめるアニメがたくさんあることを知った。

3）秋葉原（あきはばら）<u>といえば</u>電気の町と言われるくらい電気製品の安い店がたくさん並（なら）んでいる。

4）以前はスポーツといえば＿＿＿＿＿＿＿＿＿＿＿＿＿＿＿＿＿だったが、最近では＿＿＿＿＿＿＿＿＿＿＿＿＿＿を楽しむ人々も増えてきた。

5）日本の伝統（でんとう）文化といえば＿＿＿＿＿＿＿＿＿＿＿＿＿＿。

●「働く」といえば、自分の仕事に取り組むことで社会の一員（いちいん）となって貢（こう）献（けん）し、自分が働いた分、その報酬（ほうしゅう）を得ることである。

解説　【N】といえば…
　　⇒【N】の話をしていて、それに関係があることを連想して言う。

2．〜分

1）食べた分運動して、カロリーを消費したほうがいい。

2）今回の仕事は、一生懸命頑張った分（いっしょうけんめいがんば）、満足感も大きかった。

3）私の学校の野球部では練習に遅れたら、その分残って練習しなければならないので、遅刻する者は少ない。

4）授業を休んだ分、＿＿＿＿＿＿＿＿＿＿＿＿＿＿＿＿＿＿＿＿。

5）この町は開発が遅れた分、＿＿＿＿＿＿＿＿＿＿＿＿＿＿＿＿。

6）＿＿＿＿＿＿＿＿＿＿＿＿分、＿＿＿＿＿＿＿＿＿＿＿＿＿。

●「働く」といえば、自分の仕事に取り組むことで社会の一員となって貢献し、自分が働いた分、その報酬を得ることである。

解説　【その/Na/A/V】分…　　　注）【Na-だ】→【Na-な】
　　⇒【その/Na/A/V】の量や程度に釣（つ）り合（あ）うぐらい「…」

3. 〜ことから

1）以前は数多く見られたカエルの一種が激減してしまった<u>ことから</u>、この川の水が汚染されていることがわかった。

2）東日本大震災で多くの犠牲者を出した<u>ことから</u>、災害時の危機管理システムが見直された。

3）視聴者からの投書が多かった<u>ことから</u>、「平成を振り返って」という番組の再放送が決定した。

4）＿＿＿＿＿＿＿＿＿＿＿＿＿＿＿＿＿＿ことから私の名前が社長の耳に入り、特別の昇進となった。

5）＿＿＿＿＿＿＿＿＿＿＿＿＿＿＿＿＿＿ことから
＿＿＿＿＿＿＿＿＿＿＿＿＿＿＿＿＿＿＿＿＿＿＿。

● 認知症だった祖父に何もしてあげられず、悔しい思いをしたことから、介護の仕事を選んだ。

解説【S】ことから…　　　注)【N-だ】→【N-である】、【Na-だ】→【Na-な】

⇒【S】という事実や状況が原因になって、「…」の結果になった。
文末に判断・意志・推測などの表現は来ない。改まった場面で使われる。

4. 〜からといって〜

1）体に必要だ<u>からといって</u>、ビタミンやカルシウムを取りすぎるのは、かえって体に悪い。

2）真実を報道する義務がある<u>からといって</u>、プライバシーを侵害するような取材は許されない。

3）農薬使用量の少ない野菜を買っている<u>からといって</u>、全く安心できるというわけではない。

4）親しい関係だからといって＿＿＿＿＿＿＿＿＿＿＿＿＿＿＿
ていいのだろうか。

5）言論の自由が保障されているからといって、＿＿＿＿＿＿＿＿＿。

6）＿＿＿＿＿＿＿＿＿＿＿＿＿＿＿＿＿＿からといって
＿＿＿＿＿＿＿＿＿＿＿＿＿＿＿＿。

●好きな仕事だからといって決して楽だというわけではなく、収入も少ないが、再び介護の仕事を探して就職した。

解説【S】からといって…

⇒【S】という理由だけで「…」にはならない。

（「…」は、ほとんどの場合、否定的表現）

5. 〜も〜ば、〜も

1）電車の中の過ごし方はさまざまだ。メールを打っている人もいれば、ぐっすり寝ている人もいる。

2）携帯電話で、お金を払うこともできれば、自宅の機器を操作することもできるような時代になった。

3）ふろしきは便利だ。すいかも包めれば、日本酒の瓶も包める。

4）北海道旅行は素晴らしかった。景色もよければ、食べ物もおいしかった。

5）その事故のニュースを聞いて、泣き出す人もいれば、＿＿＿＿＿＿＿＿

＿＿＿＿＿＿＿＿＿＿＿＿＿＿＿＿＿もいた。

6）＿＿＿＿＿＿＿＿＿＿＿＿＿＿＿＿＿も＿＿＿＿＿＿ば、

＿＿＿＿＿＿＿＿＿＿＿＿＿＿＿も＿＿＿＿＿＿＿。

●「夢や目標のためなら収入は少なくてもいい」という人もいれば、「お金のためなら、ほかのことは我慢できる」という人もいる。

解説【N₁】も【V-ば/A-ければ/Na-なら】、【N₂】も…

⇒いろいろな場合があることを説明する表現。似たことがらや対立することがらなどを並べる。話しことばの場合は「〜も〜し、〜も」に言い換えができることが多い。

6. 〜。だからこそ、〜

1）人生はいつ何が起こるかわからない。だからこそ、今日1日を大切に生きたい。

2）親は子に立派に成長してもらいたいと思っている。だからこそ、厳しいことも言うのだ。

３）毎日忙しくて平日の食事はいつも簡単に済ませている。だからこそ、休みの日には時間を取って、ゆっくり食事を楽しみたいと思う。

４）ウェブで検索すると幅広く何でも調べられる時代である。だからこそ、書物に向き合ってじっくり物事を考えることが貴重なのではないだろうか。

５）留学期間は短い。だからこそ、＿＿＿＿＿＿＿＿＿＿＿＿＿＿＿＿＿＿。

６）＿＿＿＿＿＿＿＿＿＿＿＿。だからこそ、＿＿＿＿＿＿＿＿＿＿＿＿＿＿。

● 「夢や目標のためなら収入は少なくてもいい」という人もいれば、「お金のためなら、ほかのことは我慢できる」という人もいる。だからこそ、どう働くかが、意味を持ってくる。

解説 …₁。だからこそ…₂。
⇒「…₂」で言いたいことの理由を「…₁」で述べる。「だから」ではなく「だからこそ」を使うことによって、「…₂」の中の話し手や書き手の意志・希望・意見などを強調する。

取り組む	と「りく」む
	・多くの企業_{きぎょう}が、石油に代わる新しいエネルギーの開発に取り組んでいる。
貢献(する)	こ「うけん
	・この監督_{かんとく}は古典_{こてん}演劇を独自のスタイルで作り直し、芸術の発展に大きく貢献した。
報酬	ほ「うしゅう
問いかける	と「いかけ」る
価値	か「ち
目標	も「くひょう
(〜に)関する	か「んする
	・この製品の使用方法に関するお問い合わせは、サポートセンターで受け付けています。
富	「と」み
地位	「ち」い
試す	た「め」す
働きがい	は「たらきがい
	・努力すれば、給料が上がるので、働きがいがある。
動機	ど「うき
プロセス	プ「ロ」セス
判断	「は」んだん
自己実現	じ「こじ」つげん
満足(する)	「ま」んぞく
維持	「い」じ
収入	しゅ「うにゅう
安定(する)	あ「んてい
含む	ふ「く」む
	・アルバイト代は、2時間 4000円で、これには交通費も含まれている。
充実(する)	じゅ「うじつ
	・留学中は一生懸命_{いっしょうけんめい}勉強し、文化を体験し、友人もでき、充実した毎日を送った。
価値観	か「ち」かん

指摘(する)	し￢てき
	・先生に指摘された点を書き直し、今日論文を提出_{ていしゅつ}した。
姿勢	し￢せい
認知症	に￢んちしょう
悔しい	く￢やし￢い
介護	か￢いご
施設	し￢せつ
経営	け￢いえい
失う	う￢しなう
迷う	ま￢よう
生き生きと	い￢きい￢きと
実感(する)	じ￢っかん
結びつく	む￢すびつ￢く
	・偶然撮_とった1枚の写真が、犯人の逮捕_{たいほ}に結びついた。
新た(な)	あ￢らた
反映(する)	は￢んえい
	・この映画には、監督_{かんとく}の環境に対する考え方が反映されている。
発揮(する)	は￢っき
	・テストの日は緊張_{きんちょう}して、実力を発揮できなかった。
条件	じょ￢うけ￢ん
意欲	い￢よく

Ⅳ. 情報交換

新聞、雑誌の記事などを読んで伝えましょう。

●情報交換の流れ

【記事選び】

記事を選ぶ
トピックに関連のある記事や文章を探す

（一人または二、三人で一つの記事）

▼

【準備】

記事を読む
各自、担当した記事や文章を読み、概要_{がいよう}をつかむ

レジュメを作成する
キーワードを拾い、要約し、意見・感想をまとめる

☞ p.105「情報交換レジュメ」

▼

【情報交換】

発表する

意見交換をする
記事ごとに意見交換をする

☞ p.103〜104「賛成意見、反対意見を述べるときの表現」

V. 調査発表

インタビュー調査と口頭発表

次のようなことについて、インタビューをし、考察して発表してください。

・仕事内容
・現在の仕事に就いた動機
・どんなとき仕事に満足感を得るか
・仕事を変わりたいと思ったことがあるか（いつ、どんなとき）
・勤務状態（休暇、時間外労働、通勤時間など）
・余暇の過ごし方
・人生に充実感を感じるとき

●インタビュー調査の流れ

【インタビュー】

テーマを決定し、計画を立てる

・インタビューの目的と対象を考える

 p.112「インタビュー調査計画」

インタビューの準備をする

・質問内容を考える
・電話やメールで連絡してお願いし、会う日時や場所を約束する

 p.113「インタビューの例」

p.114「インタビューの仕方」

インタビューを実施（じっし）する

・インタビューを録音する

 p.114「インタビューの仕方」

インタビュー（録音内容）の要点を聞き取る

【原稿（げんこう）作成】

わかったことをまとめて原稿を書く

・インタビューした人の立場を考えて考察（こうさつ）する
・構成を考え、原稿を書く
・資料を作る

 p.115「インタビュー調査結果の発表」（1）発表の構成

【発表】

発表する

 p.115〜116「インタビュー調査結果の発表」（2）発表の表現

質問に答える

3. 生活習慣と宗教

I. はじめに

●話し合ってみましょう

◇あなたの国ではどのような結婚式を行いますか。

◇お守りや、お守りのようなものを持っていますか。その目的や役割はどのようなものですか。

◇どんな迷信を知っていますか。

1. 信じるもの

死後の世界　　タブー　　迷信

ジンクス　　縁起がいい／悪い　　占い

世界三大宗教→ᵃ(　　　教／　　　教／　　　教)

日本独特の宗教→ᵇ(　　　　　)

新しい宗教→ᶜ(　　　　) 宗教

答え　1.　aイスラム／キリスト／仏　b神道　c新興

2. 宗教と関係があるもの

a (　　　　　)

b (　　　　　)

(賽銭箱)

c (　　　　　)

d (　　　　　)

〈神棚、仏壇、お守り、賽銭箱、おみくじ〉

3. 宗教的行為

お参りをする　　拝む　　お祈りをする

墓参りをする　　初もうで　　七五三

答え 2. a おみくじ　b 仏壇　c お守り　d 神棚

Ⅱ. 情報１：グラフなど

グラフからどんなことがわかりますか。説明して話し合いましょう。
☞ p.100〜102「グラフの読み方」

A　世界の宗教人口

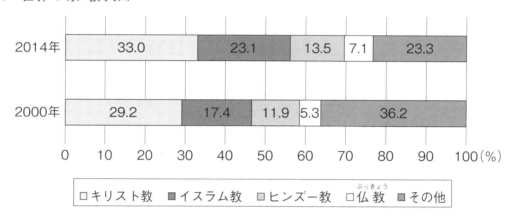

□ キリスト教　■ イスラム教　□ ヒンズー教　□ 仏教　■ その他

※その他：無神論・無宗教を含む
公益財団法人 矢野恒太記念会編『世界国勢図会 2002/03』、『世界国勢図会 2016/17』に基づく

B　日本の信者数

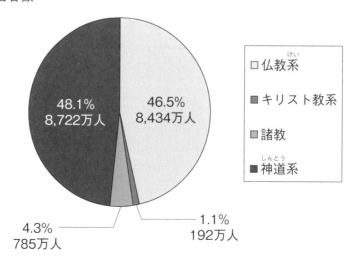

□ 仏教系

■ キリスト教系

□ 諸教

■ 神道系

文化庁「宗教年鑑　令和元年版」2019 年に基づく

C 宗教の役割

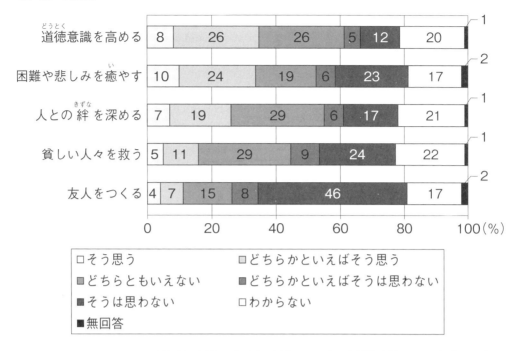

対象者：全国18歳以上の男女2,400人／有効数（率）1,466人（61.1%）
NHK放送文化研究所「日本人の宗教的意識や行動はどう変わったか」『放送研究と調査』2019年4月号に基づく

D 宗教は心の支えや行動のよりどころとなるか

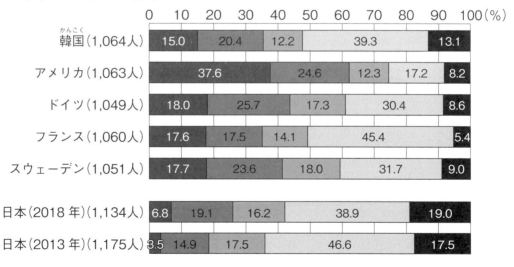

※日本以外の国は2018年のデータ
対象者：各国とも13歳から29歳までの男女
内閣府「我が国と諸外国の若者の意識に関する調査（平成30年度）」2019年に基づく

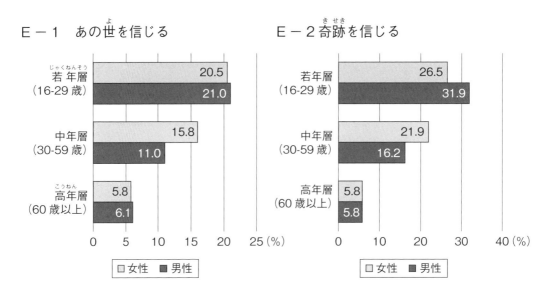

E−1 あの世を信じる

E−2 奇跡を信じる

対象者：全国16歳以上の男女5,400人／有効数（率）2,751人（50.9%）
NHK放送文化研究所「第10回『日本人の意識』調査（2018年）」に基づく

F 宗教や信仰に関することで行っていること

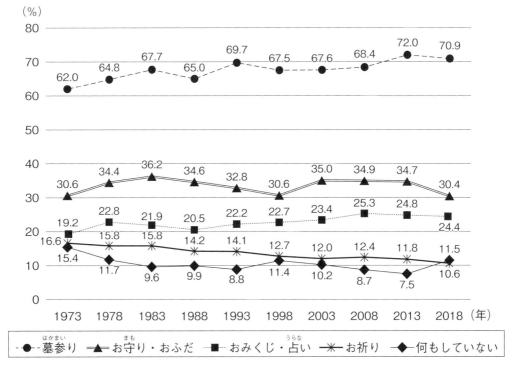

対象者：全国16歳以上の男女5,400人
※各調査年の有効数（率）はNHK放送文化研究所のホームページを参照
NHK放送文化研究所「第10回『日本人の意識』調査（2018年）」に基づく

G 挙式の形式

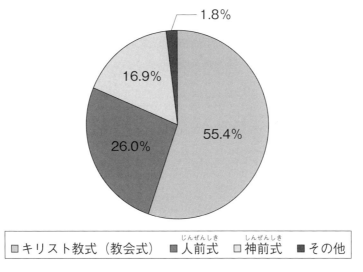

有効回答者数：全国 5,138 人

ゼクシィ結婚トレンド調査 2018 調べ

H 迷信

- 数字の「8」は縁起がいい。「4」と「9」は縁起が悪い
- 夜中につめを切ると親の死に目にあえない
- 猫が顔を洗うと雨が降る
- 金色のヘビの夢を見るとお金が入る
- 茶柱が立つとその日は何かいいことがある
- 初夢に富士山の夢、鷹の夢、ナスの夢を見ると、その年はいいことがある
- 北枕はよくない
- 雛祭りの後、雛人形を早く片付けないと、結婚が遅くなる
- くしゃみが出るのは、誰かが自分のうわさをしているからだ
- 夜、口笛を吹くと、よくないものが集まる

Ⅲ. 情報2：読み物

- ●「宗教心」
- ●「宗教心」を読んで
- ●表現
- ●語彙

●「宗教心」

　新聞に、仏教の若い僧侶がキリスト教の教会で結婚式を挙げるという記事が出ていた。花嫁の希望でそうなったようだが、仏の教えを説く人がキリストの前で愛を誓うというので、ニュースになった。が、もし花婿が僧侶でなかったら、話題にもならなかったであろう。日本では一般に、宗教に関わりなく結婚式の形式を自由に選ぶ。ある人は神道のやり方で式を挙げ、ある人は仏式で式を行い、そしてある人はキリスト教の神の前で結婚式をする。神の前ではなくて、式に出席した人々の前で将来を誓い合うカップルもいる。結婚式はキリスト教の教会で挙げ、子どもが生まれたら神社にお参りし、葬式は仏教で行うということに対して、ほとんどの日本人は矛盾を感じていない。各宗教の信者の数を合計すると総人口のおよそ1.5倍になるという統計も出ている。

　日本人はどんなときにどんな神に祈っているのだろうか。例えば、正月の一日から三日にかけて国民の3分の2が神社や寺に初もうでに行くと言われている。祈るときには、建物の前に置いてある賽銭箱にお金を入れる。1年の幸せと健康を祈り、それを守ってくれる「お守り」を買って、大切にする。お守りは、紙や木、布などでできていて、四角いものから矢や動物の形をしたものまである。大きいお守りは家の中に飾り、小さいものはかばんや財布の中に入れて持ち歩く。また、入学試験の前には、ふだん神社や寺に行かない人までお参りに行って合格を祈り、お守りを買ってくる。自動車の中には交通安全のお守りが必ずと言っていいほど下げてある。店を開くときには、商売の幸運を願って、おふだや置物を飾る。このほかにも、火の神や土地の神など、時と場合によってさまざまな神や仏に祈って、守ってもらう。そして、12月のクリスマスには

48

家族や友人とプレゼントを交換して楽しいひとときを持つという習慣もすっかり定着している。

　「あなたの宗教は何ですか」と聞かれると、たいていの日本人は返事に困る。「特にありません」とか「関心がないので……」といった答えも多いが、決して神の存在を否定しているわけではない。特定の宗教の考えを信じるのではなく、漠然と自然や祖先を崇拝し、人間を超えた大きな力が守ってくれるのを信じているのである。このような宗教心をもって、神道も仏教もキリスト教も、生活習慣や行事の中に、ごく自然に取り入れていると言えるだろう。

● 「宗教心」を読んで

1．次の文を読んで、本文の内容と合っているものには○を、違っているものには×を（　　）の中に入れてください。

1）（　　）　日本では結婚式のやり方を自由に決めることができる。

2）（　　）　結婚するとき、神に誓うやり方ばかりでなく、人に誓うやり方もある。

3）（　　）　一月の一日から三日の間に、三人中二人が神社や寺にお参りに行く。

4）（　　）　どんな願いごとをするかによって、それぞれ違う神に祈る。

5）（　　）　各宗教の信者を合計すると、日本の人口より多い。

6）（　　）　日本人は、神はいないと思っている。

7）（　　）　日本人はいくつかの宗教を熱心に信じている。

8）（　　）　日本人の生活習慣には、宗教と結びついているものが少なくない。

2．質問に答えてください。

1）日本では、どんな形で結婚式を挙げますか。

2）一生の間に、いろいろな神と関わりを持つことに対して、たいていの日本人はどう思っていますか。

3）宗教と結びついている生活習慣や行事について、あなたの国では、どのようなものがありますか。

●表現

1．〜に関わりなく

1）この会社では、年齢や性別に関わりなく能力があればどんどん昇格できる。

2）この商品の送料は、日本国内なら距離に関わりなく300円だ。

3）トマトやきゅうりといった野菜が季節に関わりなく店に並ぶようになったので、季節感がなくなった。

4）京都は、季節に関わりなく＿＿＿＿＿＿＿＿＿＿＿＿＿＿＿＿。

5）この番組は、＿＿＿＿＿＿＿＿＿に関わりなく＿＿＿＿＿＿＿＿＿。

6）天候に関わりなく＿＿＿＿＿＿＿＿＿＿＿＿＿＿＿＿＿。

7）＿＿＿＿＿＿＿＿は、＿＿＿＿＿＿＿＿＿＿＿＿に関わりなく

＿＿＿＿＿＿＿＿＿＿＿＿＿＿＿＿＿＿＿＿＿＿＿。

●日本では一般に、宗教に関わりなく結婚式の形式を自由に選ぶ。

解説【N】に関わりなく…

⇒【N】と「…」の間に特に関係がないことを表す。

2．〜に対して

1）子どもがすることに対していちいち注意をすると、子どもはやる気をなくしてしまう。

2）学生：先生なくして、私の人生は考えられません。

　　教師：それは恋人に対して言うことばであって、教師に対して言うことばではありませんよ。

3）山下さんは、会社の不正に対して一人で闘った。

4）医者は患者に対して＿＿＿＿＿＿＿＿＿＿＿＿＿＿＿。

5）大学生100人に対して＿＿＿＿＿＿＿＿＿＿＿＿＿＿。

6）最近、環境問題に対して＿＿＿＿＿＿＿＿＿＿＿＿＿。

7）＿＿＿＿＿＿に対して＿＿＿＿＿＿＿＿＿＿＿＿＿＿。

●結婚式はキリスト教の教会で挙げ、子どもが生まれたら神社にお参りし、葬式は仏教で行うということに対して、ほとんどの日本人は矛盾を感じていない。

解説【N】に対して…
　　⇒「…」の働きかけ（動作や気持ちなど）が【N】に向かうことを表す。

３．～から～にかけて

1）日本では、6月から7月にかけてよく雨が降る。

2）関東地方では、桜は3月下旬から4月上旬にかけて咲く。

3）みかんは、九州から東海地方にかけて多く生産される。

4）「＿＿＿＿＿＿＿から＿＿＿＿＿＿＿＿＿＿にかけてなら、暇です。」

5）来月上旬から中旬にかけて＿＿＿＿＿＿＿＿＿＿＿＿＿＿＿＿＿。

6）台風の被害は＿＿＿＿＿から＿＿＿＿＿にかけて広がっている。

7）私の国では＿＿＿＿＿から＿＿＿＿＿にかけて＿＿＿＿＿＿＿。

●例えば、正月の一日から三日にかけて国民の3分の2が神社や寺に初もうでに行くと言われている。

解説【N₁】から【N₂】にかけて
　　⇒時間や場所について、【N₁】から【N₂】にまたがる範囲を漠然と表す。
　　(cf.)【N₁】から【N₂】まで：時間や場所について、【N₁】から【N₂】にまたがる範囲をはっきりと表す。

４．～まで

1）漫画は、以前は子どもが読むものだったが、今では大人まで読んでいる。

2）緊張していたので簡単な足し算まで間違えた。

3）祖父は厳しい人で、あいさつの仕方からはしの使い方まで注意する。

4）強いショックを受けた人は、＿＿＿＿＿まで忘れてしまうことがある。

5）科学技術が発達し、地球上のことはもちろん＿＿＿＿＿＿＿まで知ることができるようになった。

6）＿＿＿＿＿＿＿＿＿＿＿まで＿＿＿＿＿＿＿＿＿＿＿。

● お守りは、紙や木、布などでできていて、四角いものから矢や動物の形をしたものまである。

● 入学試験の前には、ふだん神社や寺に行かない人までお参りに行って合格を祈り、お守りを買ってくる。

解説【N】まで…

⇒「程度が予想を越えている」ことを表す。【N】が範囲に入ることは予想できなかったので、話者は驚いている。

5．〜ほど

1）買い物に行って、足が痛くなるほど歩いた。

2）焼き肉の食べ放題で動けなくなるほど食べた。

3）年末は毎年猫の手も借りたいほど忙しい。

4）あの人は毎日と言っていいほど＿＿＿＿＿＿＿＿＿＿＿＿＿＿＿＿。

5）ことばでは言えないほど＿＿＿＿＿＿＿＿＿＿＿＿＿＿＿＿＿。

6）嬉しくて嬉しくて、＿＿＿＿＿＿＿＿＿＿＿＿＿＿ほどだ。

7）＿＿＿＿＿＿＿＿＿＿ほど＿＿＿＿＿＿＿＿＿＿＿＿＿。

● 自動車の中には交通安全のお守りが必ずと言っていいほど下げてある。

解説【A/V-る/V-ない】ほど…

⇒「…」の程度が普通以上で【A/V-る/V-ない】ぐらいだということを表す。

「…と言っていいほど／…たいほど」などもよく使う。

6．〜わけではない

1）自分の家で犬を飼ったことはないが、犬が嫌いだというわけではない。

2）「ビザの延長はできないわけではありませんが、難しいと思います。」

3）菜食主義者というわけではないが、肉や魚はあまり食べない。

4）興味がないというわけではないが、＿＿＿＿＿＿＿＿＿＿＿＿＿。

5）日本の大学生は＿＿＿＿＿＿＿＿＿＿＿＿＿＿と聞いていたが、すべての学生が＿＿＿＿＿＿＿＿＿＿＿＿＿＿わけではない。

6）＿＿＿＿＿＿＿＿＿＿＿＿＿＿＿が、知らないわけではない。

７）_____わけではないが、

　　　_____。

● 「特にありません」とか「関心がないので……」といった答えも多いが、

　決して神の存在を否定しているわけではない。

解説 … （という）わけではない

　　⇒今、言う（言った）ことから、一般的に考えられることを、そういう意味ではない

　　　と否定する。

●語彙

宗教心	しゅ￣うきょ￣うしん
仏教	ぶ￣っきょう
結婚式（を挙げる）	け￣っこ￣んしき（をあげる）
花嫁	は￣な￣よめ　　　↔ 花婿
教え（を説く）	お￣し￣え（をとく）
	・キリストは山の上で重要な教えを説いた。
神道	し￣んとう
仏式	ぶ￣っしき
お参り（する）	お￣ま￣いり
矛盾（する）	む￣じゅん
	・犯人の心には優しさと凶暴さという矛盾する性格が共存している。
統計	と￣うけい
初もうで	は￣つも￣うで
賽銭箱	さ￣いせ￣んばこ
お守り	お￣ま￣もり
布	ぬ￣の
ふだん	ふ￣だん
	・ふだん運動靴ばかりはいているので、久しぶりにハイヒールをはいたら足が痛くなってしまった。
幸運	こ￣ううん
おふだ	お￣ふだ
置物	お￣きもの
ひととき	ひ￣と￣とき
定着（する）	て￣いちゃく
	・エスカレーターで片側を空ける習慣は都市部で定着している。
漠然と	ば￣くぜんと
	・子どもの頃は大人になったら結婚するものだと漠然と考えていた。
祖先	そ￣せん
崇拝（する）	す￣うはい
ごく	ご￣く
	・知っている人に道で会ったらあいさつするのはごく当たり前のことなのに、最近はしない人がいる。

Ⅳ. 情報交換

新聞、雑誌の記事などを読んで伝えましょう。

●情報交換の流れ

【記事選び】

記事を選ぶ
トピックに関連のある記事や文章を探す
（一人または二、三人で一つの記事）

【準備】

記事を読む
各自、担当した記事や文章を読み、概要をつかむ

レジュメを作成する
キーワードを拾い、要約し、意見・感想をまとめる
☞ p.105「情報交換レジュメ」

【情報交換】

発表する
···
意見交換をする
記事ごとに意見交換をする
☞ p.103〜104「賛成意見、反対意見を述べるときの表現」

V. 調査発表
アンケート調査と口頭発表
次のようなことについて、調査をして、発表してください。

・何か 宗 教 を信じているか
・幸 せな生活を送るために宗教は重要だと思うか
・何か宗教に関係のあることをしているか

例：お参り・お祈りをする（いつ、どこで）、
経 典や聖書などを読む、
お守りやおふだなどを持っている／身につけている

・神や仏が存在すると思うか
・死後どうなると思うか

例：生まれ変わる、天国や地獄に行く、その他

・どのような結婚式を挙げたいか

例：スタイル（宗教色、費用、場所など）

・現代の宗教についてどう思うか

●アンケート調査の流れ

【アンケート】

テーマを決定し、計画を立てる
・アンケートの目的と対象を考える

☞ p.106「アンケート調査計画」

アンケートシートを作成する
・質問を考える

☞ p.107〜108「アンケートシートの例」

アンケートを実施する

☞ p.109「アンケートの仕方」

アンケートを集計する

【原稿作成】

わかったことをまとめて原稿を書く
・アンケートの回答を分析、考察する
・構成を考え、原稿を書く
・資料（グラフや図）を作る

☞ p.110「アンケート調査結果の発表」(1) 発表の構成

【発表】

発表する

☞ p.110〜111「アンケート調査結果の発表」(2) 発表の表現

質問に答える

4. リサイクル

I. はじめに

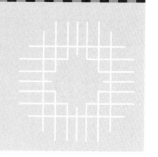

●話し合ってみましょう

◇ごみを出すとき、どのように分けていますか。

◇ごみを減らすためにどんな努力をしていますか。

◇どんなものがリサイクルできると思いますか。

◇どんなリサイクル商品を使っていますか。

JIS Z 8210：2017 案内用図記号
5.1.40 リサイクル品 回収施設

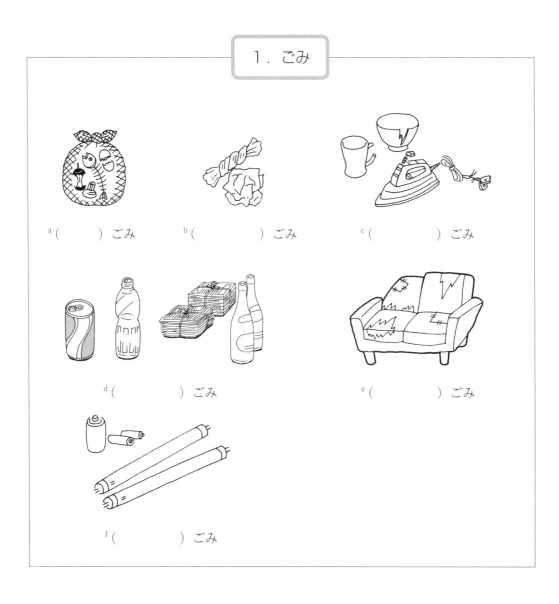

1．ごみ

a（　　　　）ごみ　　b（　　　　）ごみ　　c（　　　　）ごみ

d（　　　　）ごみ　　　　　　e（　　　　）ごみ

f（　　　　）ごみ

2．リサイクル

回収

分別

再生紙

家電リサイクル法

3．ごみを出さない

節約　　もったいない

使い捨て製品

再利用

過剰包装

答え　1．a生　b可燃　c不燃　d資源　e粗大　f有害

Ⅱ. 情報１：グラフなど

グラフからどんなことがわかりますか。説明して話し合いましょう。
☞ p.100〜102「グラフの読み方」

A 再利用の例

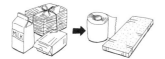

紙類→製紙原料、建築資材

缶→アルミ原料、鉄鉱原料

ガラスびん→ガラス容器原料、
建築資材

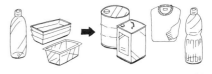

プラスチック類→プラスチック原料、
燃料、化学原料

B ペットボトルの生産量と回収率

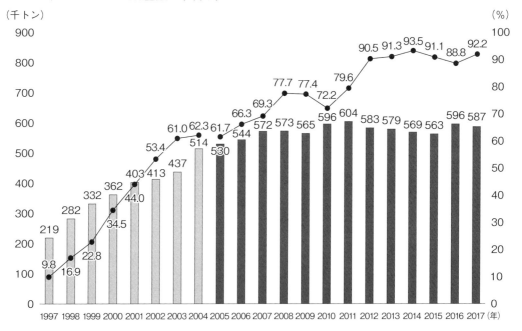

※ 2005年に回収率の計算方法が変更になった。
PETボトルリサイクル推進協議会資料、PETボトル協議会資料に基づく

C　古紙回収率

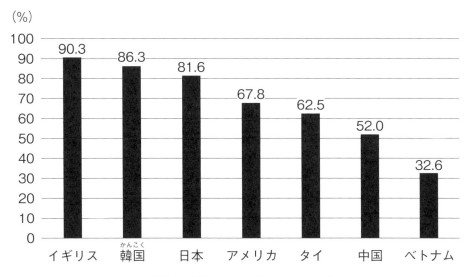

公益財団法人 古紙再生促進センター「各国の古紙回収率」2018 年に基づく

D　各国一人当たりの GDP と一般廃棄物の排出量（2016 年）

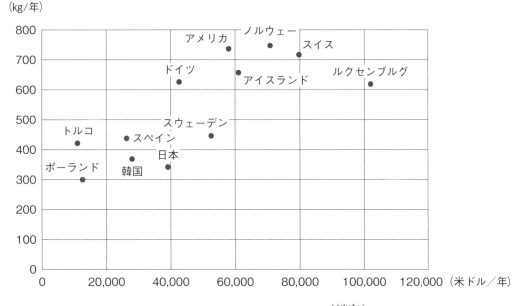

総務省統計局「世界の統計 2019」に基づく

E－1　家電リサイクル法　リサイクルの流れ

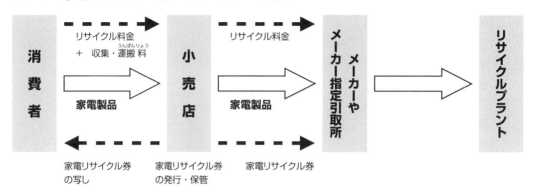

E－2　リサイクル料金

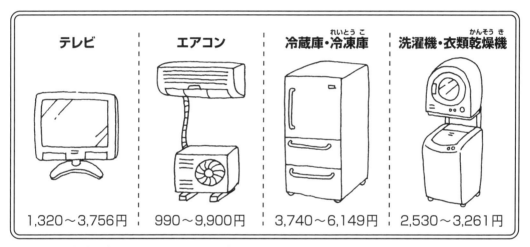

※リサイクル料金は大きさや型によって異なる場合があります。

F　ごみを少なくするために行っていること

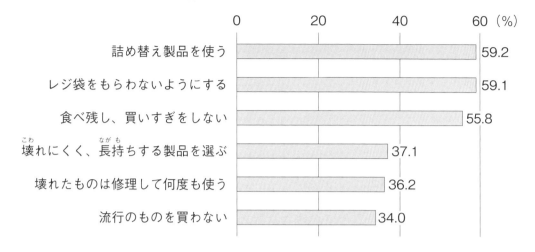

詰め替え製品を使う　59.2
レジ袋をもらわないようにする　59.1
食べ残し、買いすぎをしない　55.8
壊れにくく、長持ちする製品を選ぶ　37.1
壊れたものは修理して何度も使う　36.2
流行のものを買わない　34.0

有効回答者数：1,912 人
内閣府「環境問題に関する世論調査（平成 24 年 6 月調査）」2012 年に基づく

G　最近 3 年間に買った中古品

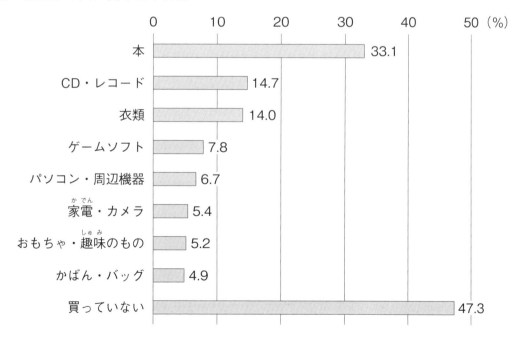

本　33.1
CD・レコード　14.7
衣類　14.0
ゲームソフト　7.8
パソコン・周辺機器　6.7
家電・カメラ　5.4
おもちゃ・趣味のもの　5.2
かばん・バッグ　4.9
買っていない　47.3

有効回答者数：10,352 人
マイボイスコム株式会社調べ「中古品の売買に関するアンケート調査（第 4 回）」2018 年に基づく

Ⅲ. 情報2：読み物

● 「循環型社会」
● 「循環型社会」を読んで
● 表現
● 語彙

● 「循環型社会」

　「リサイクル」ということばが使われ始めてからかなりの年月がたち、有限な資源の有効利用や地球温暖化対策など環境問題に対する人々の理解も進んできた。環境省はもとより各自治体や大学までリサイクルに力を入れている。よく知られたペットボトルや牛乳パックの再生利用ばかりでなく、最近は自動車の燃料にもリサイクル品が使われている。生ごみから取り出したメタンガスおよび使用済みの食用油から精製されるバイオディーゼル燃料の利用を促進している自治体もある。より身近なところでは「粗大ごみの日」に捨てられたこいのぼりを、「おばあちゃんたちの知恵」でかばんやエプロンとして再生させている徳島県での「ゼロ・ウェイスト」（ごみを出さないシステム）の試みなどもある。

　一方では、「リサイクル」が逆に環境を破壊すると主張する人もいる。その一例がペットボトルのリサイクルだ。ペットボトルをリサイクルしようとすると、新品を作って消費者に届ける場合より、使用する石油は実に4倍近くになってしまう。これでは資源の節約どころか浪費である。また、牛乳パックをリサイクルしてトイレットペーパーを作る場合、トイレットペーパーを新しく作るよりもお金がかかるそうだ。牛乳パックはパルプから作られるものだが、防水のためにポリエチレンフィルムが張られている。再生するときに、これをはがすには大変な手間がかかる上、水やエネルギーを浪費する。そのため、コストを上げることにもなってしまう。資源の有効利用が必要だからといって、何でもリサイクルすればいいとは限らないのである。

　そこで、社会の中の物質を循環させることで、天然資源の消費を抑え、環境への負荷を少なくしようという「循環型社会」が求められるようになってきた。

この考え方の基本は、まずごみを減らすこと（リデュース）である。ごみとして出されたものでも、できるだけ再使用（リユース）、再生利用（リサイクル）し、どうしても使えないものだけを適正に処分する。このリデュース（Reduce）、リユース（Reuse）、リサイクル（Recycle）の頭文字３Ｒが循環型社会の基本的理念である。最近では、これに過剰包装を断ったりするリフューズ（Refuse）を加えて４Ｒという場合もある。

　ところで自然界を見てみると、無駄のない循環が当たり前に行われていることに気づく。ある生物が排出したものを、ほかの生物が食料にする。例えば牛のふんをバクテリアが土に分解し、それをみみずが食べて再び排出する。柔らかくなった土に草が生え、それをまた牛が食べる。植物が光合成によって出した酸素を動物が呼吸に使い、動物が排出した二酸化炭素を、植物が大量に摂取して栄養分を作る。あるプロセスで生まれたものが、次のプロセスの素材になり、それが次々につながって元のプロセスに戻ってくる。つまり永久に循環して「環」（サイクル）を作っているのだ。生態系の中では、植物も動物もお互いを利用し合う「環」のシステムができているから、不要なものは一つとしてない。

　私たちが「循環型社会」を作ろうとするとき、自然界のシステムから多くのことを学べるのではないだろうか。

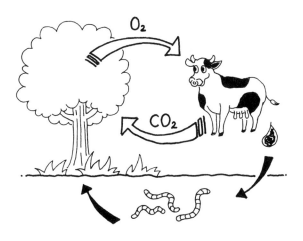

1. 次の文を読んで、本文の内容と合っているものには○を、違っているものには×を（　　）の中に入れてください。

1）（　　）　最近は大学や市民グループのほうが国よりリサイクルに熱心だ。

2）（　　）　生ごみから車を走らせる燃料を作ることができる。

3）（　　）　ペットボトルをリサイクルすれば、新品を作って消費者の手元に届けるより石油使用量が節約できる。

4）（　　）　「循環型社会」は、天然資源をなるべく使わないようにし、社会の中の物質を循環させることだ。

5）（　　）　どうしても使えないものだけを適正に処分することを３Ｒという。

6）（　　）　自然界では、ある過程で生じたものを次の過程で使うので、すべてが必要なものである。

7）（　　）　自然界に見られる循環のシステムを、我々の社会に応用することは、環境問題を解決する一つの方法だと言える。

2. 次の質問に答えてください。

1）リサイクルが環境を破壊する例を一つ書いてください。その理由も述べてください。

2）「循環型社会」とはａ）どういう考え方の社会ですか。ｂ）その基本的理念は何ですか。

　ａ）循環型社会：

　ｂ）基本的理念：

3）あなたは「循環型社会」のために現在どのような貢献をしていますか。これからどのような対策が有効だと思いますか。

●表現

1．〜はもとより〜

1）日本留学が決まったとき、両親<u>はもとより</u>友人も自分のことのように喜んでくれた。

2）オリンピックで金メダルを取るには、健康な身体<u>はもとより</u>健全な精神が必要だ。

3）政府が示した新法案に対して、野党<u>はもとより</u>与党からも厳しい反対意見が出ている。

4）石油価格の高騰は、石油製品<u>はもとより</u>物価全体に影響を与える。

5）日本のアニメ文化は、国内はもとより ＿＿＿＿＿＿＿＿＿＿＿＿＿＿＿。

6）＿＿＿＿＿＿＿＿＿＿＿＿＿＿＿＿＿＿＿はもとより

＿＿＿＿＿＿＿＿＿＿＿＿＿＿＿＿＿＿＿＿＿＿＿＿。

●環境省はもとより各自治体や大学までリサイクルに力を入れている。

解説【N₁】はもとより【N₂】も…

⇒あることがらについて【N₁】は当然だが、それだけでなく、さらに程度や関係の深さが違う【N₂】も「…」。

「もちろん」より改まった言い方。書きことばで使われることが多い。

2．〜。一方では〜

1）日本では今、少子化が問題になっている。が、<u>一方では</u>人口増加に悩んでいる国もある。

2）食事の西欧化が進んできた。<u>一方では</u>、健康的な和食のよさが見直されている。

3）遺伝子治療によって、いくつかの難病が治療可能となった。しかし<u>一方では</u>、クローンの研究など、生命倫理に触れる新しい問題も生まれた。

4）都会は人が多く、ごみごみしていて嫌だという人がいる。が、一方では、

＿＿＿＿＿＿＿＿＿＿＿＿＿＿＿＿＿＿＿＿＿＿＿＿＿＿＿。

5）現代人は通信のためにいろいろな新しい機械を使うことができる。しかし一方では、＿＿＿＿＿＿＿＿＿＿＿＿＿＿＿＿＿＿＿＿＿。

6）＿＿＿＿＿＿＿＿＿＿＿＿＿＿＿＿＿＿＿。が、一方では、

＿＿＿＿＿＿＿＿＿＿＿＿＿＿＿＿＿＿＿＿＿。

●より身近なところでは「粗大ごみの日」に捨てられたこいのぼりを、「おばあちゃんたちの知恵」でかばんやエプロンとして再生させている徳島県での「ゼロ・ウェイスト」（ごみを出さないシステム）の試みなどもある。一方では、「リサイクル」が逆に環境を破壊すると主張する人もいる。

解説 …₁。一方では…₂。
⇒「…₁」で言ったことの別の側面や反対のことを「…₂」で言う。

3．〜どころか〜

1）不況で、ボーナスをもらうどころか給料が下がってしまった。

2）渋滞がひどくて、ドライブを楽しむどころかくたくたに疲れてしまった。

3）彼は英語の通訳になりたいと言っているが、通訳どころか簡単な日常会話もまだ十分ではない。

4）天気予報では＿＿＿＿＿＿と言っていたが、＿＿＿＿＿＿どころか

＿＿＿＿＿＿＿＿＿＿＿＿＿＿＿＿＿＿＿。

5）＿＿＿＿＿＿＿＿と思っていたが、＿＿＿＿＿＿どころか

＿＿＿＿＿＿＿＿＿＿＿＿＿＿＿＿＿＿＿。

●これでは資源の節約どころか浪費である。

解説 【N/Na/A/V-る】どころか…　　注）【Na-だ】→【Na-な】
⇒前の部分で述べられたことから予想されることとは全く反対の事実や全く予想外の事実を、後ろの部分で述べる。

4．〜上

1）朝寝坊をした上、事故で電車が遅れて1時間も遅刻してしまった。

2）昨日、田中さんのお宅に招かれてごちそうになった上、お土産までいただいた。

3）このパック旅行は添乗員が同行し一流ホテルに泊まれる上、料金が格安だ。

4）森田さんのご主人は家事が得意だ。掃除や洗濯をする上、＿＿＿＿＿＿＿＿＿＿まで＿＿＿＿＿＿＿＿＿＿＿＿＿＿＿そうだ。

5）彼は語学ができる上、＿＿＿＿＿＿＿＿＿＿＿＿＿＿＿＿＿＿。

6）＿＿＿＿＿＿＿＿＿＿＿＿＿＿＿上、＿＿＿＿＿＿＿＿＿＿＿＿＿。

●再生するときに、これをはがすには大変な手間がかかる上、水やエネルギーを浪費する。

解説【S】上… 注）【N-だ】→【N-である】、【Na-だ】→【Na-な】

⇒【S】のことがあり、それに加えて…

5．〜とは限らない

1）良質の商品が必ずよく売れるとは限らない。

2）和食はヘルシーだと言われているが、中華や洋食よりカロリーが低いとは限らない。

3）外国語ができるからといって、外国人とうまくコミュニケーションがとれるとは限らない。

4）ＩＱの高い人が＿＿＿＿＿＿＿＿＿＿＿＿＿＿とは限らない。

5）＿＿＿＿＿＿＿＿＿＿＿＿＿＿いつも感謝されるとは限らない。

6）＿＿＿＿＿＿＿＿＿＿＿＿＿＿＿＿＿とは限らない。

●資源の有効利用が必要だからといって、何でもリサイクルすればいいとは限らないのである。

解説【S】とは限らない（のである）。

⇒いつも【S】とはならない。一般的に当然のことと思われても、例外もあるというときの言い方。

「いつも」「必ず」「何でも」「誰でも」などの副詞や「〜からといって」などと共に用いられることが多い。

循環(する)	じゅんかん
有限(な)	ゆうげん
資源	しげん
有効(な)	ゆうこう
地球温暖化	ちきゅうおんだんか
対策	たいさく
環境省	かんきょうしょう
自治体	じちたい
再生利用	さいせいりよう
燃料	ねんりょう
メタンガス	メタンガス
精製(する)	せいせい
バイオディーゼル燃料	バイオディーゼルねんりょう
促進(する)	そくしん
	・商品の販売を促進するために、テレビのコマーシャルにお金をかけた。
粗大ごみ	そだいごみ
こいのぼり	こいのぼり
知恵	ちえ
試み	こころみ
	・その大学では、外国の大学との間で、インターネットを使って学生同士が意見を交換する試みが行われた。
破壊(する)	はかい
節約(する)	せつやく
浪費(する)	ろうひ
防水(する)	ぼうすい
ポリエチレンフィルム	ポリエチレンフィルム
はがす	はがす
	・友達から届いた手紙の切手がきれいだったので、丁寧にはがして切手帳に収めた。
手間	てま
	・正月の料理は種類が多く手間がかかるので、家で作らず買って食べる人が増えてきた。

72

天然	て﹁んねん
抑える	お﹁さえ﹂る
	・各国が協力して CO_2 の排出量を抑えないと、温暖化は進む一方だ。
負荷	﹁ふ﹂か
適正(な)	て﹁きせい
処分(する)	﹁しょ﹂ぶん
	・古い資料は、もう要らないので処分した。
頭文字	か﹁しらも﹂じ
理念	﹁り﹂ねん
排出(する)	は﹁いしゅつ
ふん	﹁ふ﹂ん
バクテリア	バ﹁クテリア
分解(する)	ぶ﹁んかい
みみず	み﹁みず
光合成	こ﹁うご﹂うせい
酸素	﹁さ﹂んそ
二酸化炭素	に﹁さんかた﹂んそ
摂取(する)	﹁せ﹂っしゅ
	・ビタミンCは果物などから摂取できる。
栄養分	え﹁いよ﹂うぶん
素材	そ﹁ざい
生態系	せ﹁いたいけい

Ⅳ. 情報交換

新聞、雑誌の記事などを読んで伝えましょう。

● **情報交換の流れ**

【記事選び】

記事を選ぶ
トピックに関連のある記事や文章を探す
（一人または二、三人で一つの記事）

【準備】

記事を読む
各自、担当した記事や文章を読み、概要（がいよう）をつかむ

レジュメを作成する
キーワードを拾い、要約し、意見・感想をまとめる
☞ p.105「情報交換レジュメ」

【情報交換】

発表する
....
意見交換をする
記事ごとに意見交換をする
☞ p.103～104「賛成意見、反対意見を述べるときの表現」

Ⅴ.調査発表
文献調査と冊子作成

リサイクルについての資料（本の一部、記事）を探して読み、原稿を
書いて冊子にまとめてください。

・リサイクルの実態
　　各国、各自治体のシステム
　　ごみの分別

・ごみを出さない工夫
　　再生商品
　　企業、個人での取り組み

・リサイクルの課題と今後

●文献調査のまとめと冊子作成の流れ

【文献調査】

テーマを決定し、計画を立てる
・文献調査の目的を考える
 p.117「文献調査計画」

調査する（本、インターネットなど）
 p.118「文献調査の仕方」
 p.119「文献メモの例」

【原稿作成】

わかったことをまとめて原稿を書く
・文献を比較、分析、考察する
・構成を考え、原稿を書く
 p.119〜121「文献調査結果のまとめ」

【冊子作成】

編集する
・表紙、目次、ページ、作成年月日、作成者など

冊子（ブックレット）を作る
・コピーをしてとじる

5. ジェンダー

Ⅰ.はじめに

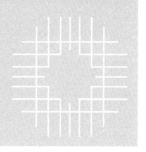

●話し合ってみましょう

◇「男／女だから～しなさい、してはいけません」と言われたことがあります
　か。

◇もし、生まれ変わるなら、男女どちらがいいですか。

◇男性が多い仕事と女性が多い仕事にはどのようなものがありますか。
　それは、どうしてだと思いますか。

1．家庭で

家事　育児　介護（かいご）

共働き（ともばたらき）　専業主婦（しゅふ）　専業主夫（しゅふ）

2．職場で

賃金格差（ちんぎんかくさ）

昇進差別（しょうしん）

女性管理職

男女雇用機会均等法（こよう）（きんとうほう）

セクハラ

3．社会的に

役割分担（ぶんたん）

男女平等

夫婦別姓（べっせい）

性差別語

LGBT

Ⅱ.情報 1：グラフ

グラフからどんなことがわかりますか。説明して話し合いましょう。
☞ p.100〜102「グラフの読み方」

A 「夫は外で働き、妻は家庭を守るべきである」という考え方について

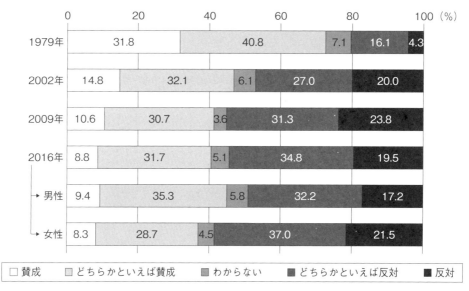

内閣府「男女共同参画社会に関する世論調査（平成 28 年 9 月調査）」、
「婦人（Ⅰ部）に関する世論調査（昭和 54 年 5 月調査）」に基づく

B 専業主婦世帯と共働き世帯数の推移

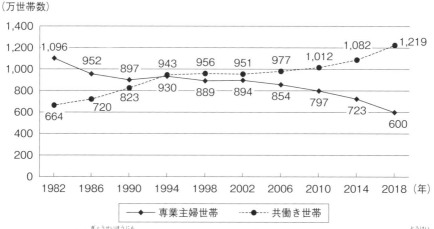

独立行政法人 労働政策研究・研修機構「早わかり　グラフでみる長期労働統計」に基づく

C　女性の年齢階級別労働率

（%）

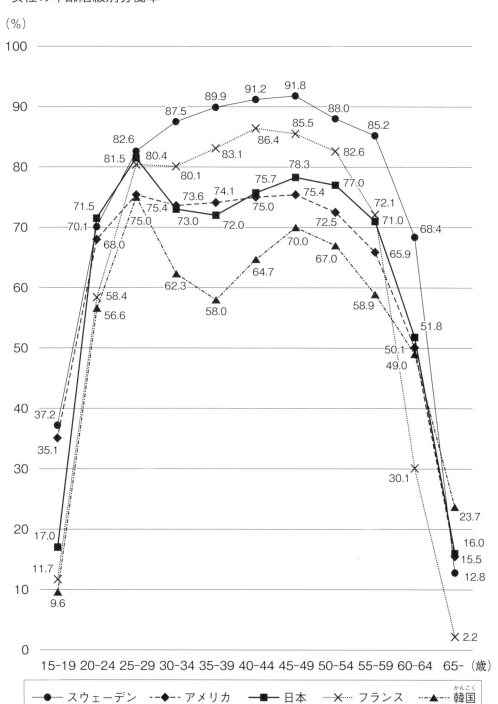

独立行政法人 労働政策研究・研修機構『データブック国際労働比較（2018年版）』に基づく

D　男女の地位の平等感－どちらが優遇されていると感じるか

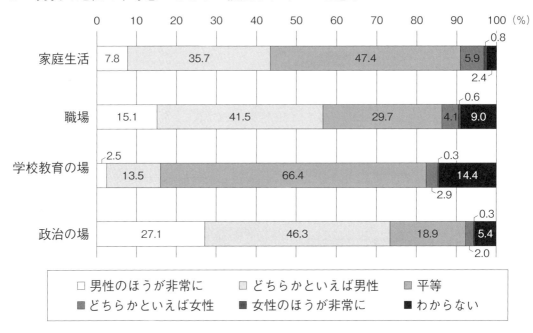

対象者：18歳以上の男女／有効回答者数：3,059人
内閣府「男女共同参画社会に関する世論調査（平成28年9月調査）」2016年に基づく

E　男女間賃金格差（男性を100とした場合）

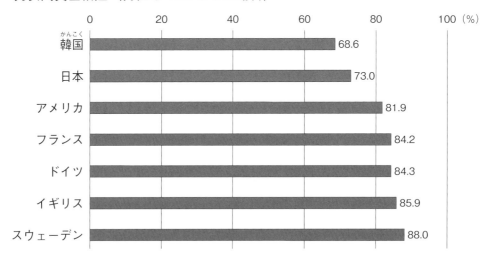

独立行政法人 労働政策研究・研修機構『データブック国際労働比較（2018年版）』に基づく

F 就業者と管理職に占める女性の割合

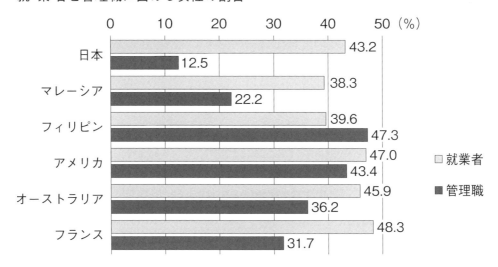

※管理職の定義は各国によって異なる。例えば、会社役員や課長相当以上など。
※日本、フランスは2015年、アメリカは2013年、その他は2014年のデータ。
内閣府「平成28年版男女共同参画白書」2016年に基づく

G 育児休業取得率の推移

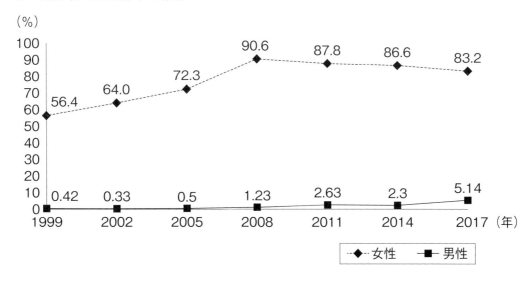

※2011年は岩手県、宮城県及び福島県は除く。
厚生労働省「雇用均等基本調査」に基づく

H　男性が育児休暇を取得しなかった理由

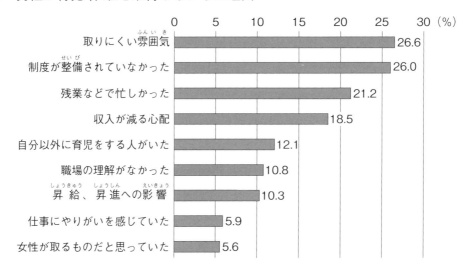

対象者：3歳未満の子を持つ男性正社員／有効回答者数：1,129人（複数回答）
厚生労働省委託調査「平成27年度　仕事と家庭の両立支援に関する実態把握のための調査研究事業報告書
労働者アンケート調査結果」2015年から抜粋のうえ作成

I　6歳未満児を持つ夫婦の育児・家事時間

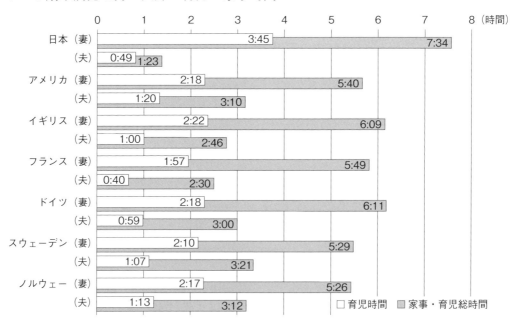

内閣府「平成30年版男女共同参画白書」2018年に基づく

J　結婚相手として重視したい条件

男性

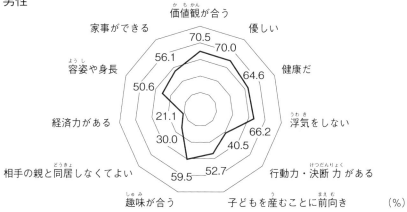

- 価値観が合う　70.5
- 優しい　70.0
- 健康だ　64.6
- 浮気をしない　66.2
- 行動力・決断力がある　40.5
- 子どもを産むことに前向き　52.7
- 趣味が合う　59.5
- 相手の親と同居しなくてよい　30.0
- 経済力がある　21.1
- 容姿や身長　50.6
- 家事ができる　56.1

（％）

女性

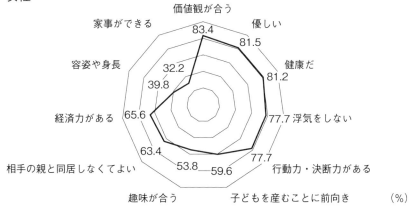

- 価値観が合う　83.4
- 優しい　81.5
- 健康だ　81.2
- 浮気をしない　77.7
- 行動力・決断力がある　77.7
- 子どもを産むことに前向き　59.6
- 趣味が合う　53.8
- 相手の親と同居しなくてよい　63.4
- 経済力がある　65.6
- 容姿や身長　39.8
- 家事ができる　32.2

（％）

対象者：20〜30代未婚の男女／有効回答者数：男性237人、女性314人
明治安田総合研究所「第9回結婚・出産に関する調査」2016年に基づく

Ⅲ. 情報 2 : 読み物

- ●「男の領域、女の領域」
- ●「男の領域、女の領域」を読んで
- ●表現
- ●語彙

●「男の領域（りょういき）、女の領域」

「男らしく振（ふ）る舞（ま）わなければならない」と考える男性は少なくなり、体面や性的役割分担（ぶんたん）を意識しない人が増えた。そういう人たちは、ジェンダー、つまり社会的、文化的な性差を気にしない。家事や育児を積極的に行い、その方面の話題も豊富である。

5　会社員の山田さんは、昼休みの雑談（ざつだん）で家事の話になったとたん、蓄（たくわ）えてきた知識を一気に語り始めた。「A 社の食器用洗剤（せんざい）は油汚（あぶらよご）れの落ちはいいが手が荒れる。それに対して B 社のは泡切（あわぎ）れはいいが油汚れの落ちがよくない。」山田さんは学生の頃（ころ）からさまざまな情報を収集（しゅうしゅう）するのが得意だった。家事や育児を妻と分担するようになってからは関連する情報もネットを中心に集めるようになり、今では「C 店では、洗剤は月曜日が安い。」などといった主婦顔負けの特
10　売情報までつかんでいる。

かつては女性の役割とされていた育児でも、現在では変化が見られる。共働（ともばたら）き家庭のサラリーマン、高橋さんは、朝子どもを保育園に預けるために、抱っこひもで子どもを抱えて通勤のバスに乗る。ときどき子どもと目が合うと話しかけている。帰宅時間が遅い高橋さんにとっては、毎朝子どもとコミュニケー
15　ションがとれる貴重（きちょう）な時間になっているというわけだ。週末（しゅうまつ）は近くの公園に子どもを連れて遊びに行くが、そこには父と子の組み合わせが他にも何組かいる。高橋さんは、よく顔を合わせるお父さんのうちの一人とパパ友になった。最近は、親子で参加できるイベントの情報も交換し合っている。

20　以前は「男性の領域」のように思われてきた機械の分野でも意識は変わってきている。車の運転は男性がするものだとされていたが、今や、マイカーを買っ

たものの、妻のほうが運転する時間が長く、ドライブでも夫が助手席に乗る家庭は少なくない。スマホにしても、妻のほうが機能を使いこなしていて、夫に操作方法やアプリの使い方を説明している例も耳にする。

　このようにジェンダー意識が変わったのは、バブル経済が終わったあたりからではないだろうか。非正規雇用（ひせいきこよう）が増え、ワークシェアリングが導入（どうにゅう）されて、収入はかつてのようにだんだん増えていくというものではなくなった。男性一人の収入で一家を支える家庭より、共働（ともばたら）き家庭の割合のほうが多い。こうした様々な変化の中にあって、昔のように「男らしく、あるいは女らしく振る舞（ふるま）う」必要もなくなった。同時に、ワークライフバランスの考え方が浸透（しんとう）してきたこともある。仕事と生活のどちらも充実（じゅうじつ）させて調和（ちょうわ）を取る。そのためには、性別にかかわらず、人生の各段階で多様（たよう）な生き方が選べる社会が望（のぞ）ましいと言えるだろう。

　社会の実情（じつじょう）を見ると、残念ながら、会社に育児休業（きゅうぎょう）の制度があるというのに利用する男性は依然（いぜん）として少ない。家事労働時間も全体を見ると女性よりはるかに短い。

　しかし、人々の意識は確実に変化している。今後は、男女が従来（じゅうらい）のステレオタイプに縛（しば）られずに、より自然体で行動できるようになっていくのではないだろうか。

● 「男の領域、女の領域」を読んで

1. 次の文を読んで、本文の内容と合っているものには○を、違っているものには×を（　　　）の中に入れてください。

1)（　　　）　ジェンダーを気にしない人々は、家事や育児を積極的に行う。

2)（　　　）　山田さんは仕事で情報を集めているので、洗剤に関する知識は主婦と同じくらいある。

3)（　　　）　高橋さんは、保育園に寄ってから出勤する。

4)（　　　）　以前は、機械の操作は男性が得意な分野だと考えられていた。

5)（　　　）　バブル後は、二人の収入で一家を支える夫婦が多くなっている。

6)（　　　）　ワークライフバランスの考え方が浸透したので、共働き家庭が多くなった。

7)（　　　）　今は、男性も女性もジェンダーから解放されている。

2. 次の質問に答えてください。

1）バブル後、男女の役割分担に対する意識が変化してきた理由として考えられることは何ですか。

2）昔のように「男らしく、あるいは女らしく振る舞う」（29行目）とは、具体的にどういうことだと言っていますか。

3）社会的、文化的な男女差がなくなることについてどう思いますか。それはどうしてですか。

●表現

1．〜たとたん

1）男の子は犬を見<u>たとたん</u>大声で泣き出した。

2）ガスをつけ<u>たとたん</u>ボッという大きな音がした。

3）大統領（だいとうりょう）が入院したというニュースが流れ<u>たとたん</u>、株価（かぶか）が下がった。

4）隣（となり）のラーメン屋はテレビで紹介され<u>たとたん</u>、何倍もお客が来るようになった。

5）＿＿＿＿＿＿＿＿＿は＿＿＿＿＿＿＿＿＿たとたん
人気がなくなってしまった。

6）＿＿＿＿＿＿＿＿＿たとたん＿＿＿＿＿＿＿＿＿。

●会社員の山田さんは、昼休みの雑談（ざつだん）で家事の話になったとたん、蓄（たくわ）えてきた知識を一気に語り始めた。

解説 【V-た】とたん…

⇒【V-た】のことが終わるとすぐに「…」のことが起きた。「…」は話し手の意志でコントロールできないこと。

2．〜とされている

1）日本料理では、魚はさしみで食べるのが<u>最高だとされている</u>。

2）昔からこの地方では、虹（にじ）が出るのは<u>よいしるしだとされている</u>。

3）世界でも<u>珍（めずら）しいとされている</u>大型のチョウが発見された。

4）＿＿＿＿＿＿＿＿＿ことがよいとされてきたが、最近その価値観（かちかん）も変化している。

5）一般的に男性は女性よりも＿＿＿＿＿＿＿＿＿とされているが、＿＿＿＿＿＿＿＿＿。

6）＿＿＿＿＿＿＿＿＿とされている。

●かつては女性の役割とされていた育児でも、現在では変化が見られる。

解説 【S】とされている　　注）【N-だ】の「だ」は省略されることが多い。

⇒一般的に【S】のことがそうであると考えられている。

3．～というわけだ

1）「出身は神戸なんですが、学生時代から仙台に住んでいて、もう今年で20年になります。」

「それでは、仙台は第二の故郷だというわけですね。」

2）ネットショッピングが増えているそうだ。買い物に行く時間がもったいないと思う人が増えたというわけである。

3）わからないことは何でもネットで調べられる時代です。昔のように分厚い辞書を何冊も置いておく必要がないというわけです。

4）「たくさんのご応募ありがとうございました。後日、厳正な抽選を行いまして、当選者にはお知らせいたします。」

「じゃあ、知らせがなかったら＿＿＿＿＿＿＿＿＿＿＿＿というわけね。」

5）「来週の勉強会のことなんですけど、私は会議があって出られないんです。田中さんは病院の予約があるし、山田さんは友達の結婚式があるんだそうです。」

「つまり、＿＿＿＿＿＿＿＿＿＿＿＿＿＿＿＿＿というわけですね。」

●帰宅時間が遅い高橋さんにとっては、毎朝子どもとコミュニケーションがとれる貴重な時間になっているというわけだ。

解説【S】というわけだ　　注）【N-だ】の「だ」は省略されることが多い。
　　　⇒直前に述べたことを【S】で言い換えて理解したり、説明したりする。

4．～たものの

1）あこがれの人に告白の手紙を書いたものの、まだ渡せないでいる。

2）チェロを始めようと、チェロ教室に申し込みはしたものの、忙しくてまだ一度も出席したことがない。

3）「私にまかせてください」と言ったものの、実のところできるかどうか不安だ。

4）勧められて行ってはみたものの＿＿＿＿＿＿＿＿＿＿＿＿＿て、あまり楽しめなかった。

5）子どもが面倒をみるというので犬を飼ったものの、＿＿＿＿＿＿＿＿＿

＿＿＿＿＿＿＿＿＿＿＿＿＿＿＿＿＿＿＿＿＿＿＿＿＿。

●車の運転は男性がするものだとされていたが、今や、マイカーを買った
ものの、妻のほうが運転する時間が長く、ドライブでも夫が助手席に乗
る家庭は少なくない。

解説【V- た】ものの…
　　⇒【V- た】後で、続いて起こると予想されることが起きない。

5．〜にしても

1）観光地では何でも割高になっている。缶ジュースにしても倍はする。

2）医療技術が進み難病の治療も可能になった。がんにしても恐れる病
　気ではなくなってきている。

3）国民の老後を守る政策が必要だ。福祉にしても年金にしても、政府が
　明確にビジョンを示すべきだ。

4）お金の無駄遣いはやめるべきで、＿＿＿＿＿＿＿＿＿にしてももっ
　と節約できるはずだ。

5）日本はどこに行ってもあまり違いがない。都市部にしても地方にして
　も＿＿＿＿＿＿＿＿＿＿＿＿＿＿＿＿＿＿＿＿＿＿。

●スマホにしても、妻のほうが機能を使いこなしていて、夫に操作方法や
アプリの使い方を説明している例も耳にする。

解説【N】にしても…
　　⇒「…」であることは、【N】の場合についても言える。
　　　前文を受けて例を示す。具体的に【N】の場合については「…」だ。

6．〜というのに

1）1か月ぶりの休みだというのに風邪を引いてしまった。

2）もう春だというのに積もるほど雪が降った。

3）ヤンさんは日本へ来てまだ3年だというのに東京生まれの私より東京
　のことをよく知っている。

4）明日＿＿＿＿＿＿＿＿＿＿＿というのに、まだ準備ができていない。

5）社会人になったというのに＿＿＿＿＿＿＿＿＿＿＿＿＿＿＿＿＿＿。

6）＿＿＿＿＿＿＿＿＿＿＿というのに＿＿＿＿＿＿＿＿＿＿＿＿＿。

●社会の実情を見ると、残念ながら、会社に育児休業の制度があるというのに利用する男性は依然として少ない。

解説【S】というのに、…

⇒【S】から通常期待されることがある。しかし、そうではない「…」という状態や結果である。非難や驚きや悔しい気持ちを表す。

領域	りょ￫ういき
振る舞う	ふ￫るま￪う
	・苦しいことがあっても、水野さんはいつも明るく振る舞っている。
体面	た￫いめん
	・小学生の息子の宿題を解くことができず、親としての体面を失ってしまった。
性差	せ￪いさ
雑談	ざ￫つだん
蓄える	た￫くわえ￪る
一気に	い￪っきに
	・駅の長い階段を一気に駆け上がったら、息が苦しくなった。
落ち	お￪ち
荒れる	あ￫れる
泡切れ	あ￪わぎれ
収集(する)	しゅ￫うしゅう
分担(する)	ぶ￫んたん
	・キャンプの荷物は量が多く重いので、皆で分担して運ぶことにした。
顔負け	か￫おまけ
	・あの子役は、大人顔負けの演技をするので好評だ。
かつて	か￪つて
	・今は高層ビルが立ち並ぶ新宿も、かつては畑があちらこちらにあった。
共働き	と￪もばたらき
抱っこひも	だ￫っこ￪ひも
抱える	か￪かえる
貴重(な)	き￫ちょう
パパ友	パ￫パとも
分野	ぶ￪んや
今や	い￪まや
	・始めは小さなパン屋だったが、今や全国に店を持つ大企業になった。
使いこなす	つ￫かいこな￪す

操作(する)	そ￣うさ
耳にする	み み￣にする
非正規雇用	ひ せいきこ￣よう
ワークシェアリング	ワ￣ークシェ￣アリング
収入	しゅ うにゅう
ワークライフバランス	ワ￣ークライフバ￣ランス
浸透(する)	し￣んとう ・「新しいことに挑戦する」という創業者（そうぎょうしゃ）の考え方が一人一人の社員に浸透している。
充実(する)	じゅ うじつ ・留学生はみな、一生懸命（いっしょうけんめい）勉強し、文化を体験し、友人もでき、充実した毎日を送った。
調和	ちょ うわ
望ましい	の ぞまし い ・パソコンで作った資料は、バックアップデータを保存しておくことが望ましい。
依然として	い ぜんとして ・政府は景気回復の対策（たいさく）をとっているというが、依然として国の経済はよくならない。
ステレオタイプ	ス テレオタ イプ
より～	・ポスターのキーワードの文字を大きく太くしたことで、メッセージがより伝わりやすくなった。
自然体	し ぜんたい

Ⅳ. 情報交換

新聞、雑誌の記事などを読んで伝えましょう。

●情報交換の流れ

【記事選び】

【準備】

【情報交換】

記事を選ぶ
トピックに関連のある記事や文章を探す
（一人または二、三人で一つの記事）

記事を読む
各自、担当した記事や文章を読み、概要をつかむ

レジュメを作成する
キーワードを拾い、要約し、意見・感想をまとめる
☞ p.105「情報交換レジュメ」

発表する
....
意見交換をする
発表ごとに意見交換をする
☞ p.103〜104「賛成意見、反対意見を述べるときの表現」

Ⅴ.調査発表

インタビュー調査と口頭発表

次のようなことについて、インタビューをし、考察して発表してください。

・家庭

共同生活をする場合、生計はどう分担するか

家事はどのようにするか

子どもを持つこと、子どもを育てることに対してどのように考えるか

・職場

仕事内容における男女の平等とはどういうことだと思うか

職場で男性／女性として疑問に思うことがあるか

それはどうしたらいいと思うか

・社会

育児休暇、介護休暇、夫婦別姓、LGBT

●インタビュー調査の流れ

【インタビュー】

テーマを決定し、計画を立てる
・インタビューの目的と対象を考える
 p.112「インタビュー調査計画」

インタビューの準備をする
・質問内容を考える
・電話やメールで連絡してお願いし、会う日時や場所を約束する
 p.113「インタビューの例」
p.114「インタビューの仕方」

インタビューを実施(じっし)する
・インタビューを録音する
 p.114「インタビューの仕方」

インタビュー(録音内容)の要点を聞き取る

【原稿(げんこう)作成】

わかったことをまとめて原稿を書く
・インタビューした人の立場を考えて考察(こうさつ)する
・構成を考え、原稿を書く
・資料を作る
 p.115「インタビュー調査結果の発表」(1) 発表の構成

【発表】

発表する
 p.115~116「インタビュー調査結果の発表」(2) 発表の表現

質問に答える

調査・発表の
ための手引き<ruby>手引<rt>てび</rt></ruby>き

1. グラフの読み方

1）グラフの種類

（1）円グラフ

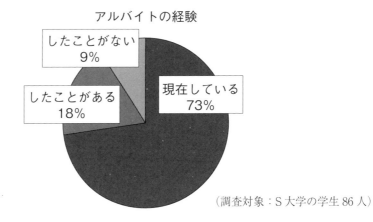

アルバイトの経験

したことがない
9%

したことがある
18%

現在している
73%

（調査対象：S大学の学生86人）

（2）棒グラフ

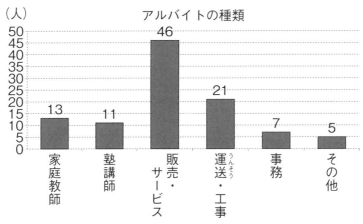

アルバイトの種類

（人）

家庭教師 13
塾講師 11
販売・サービス 46
運送・工事 21
事務 7
その他 5

（調査対象：S大学の学生86人（複数回答））

（3）帯グラフ

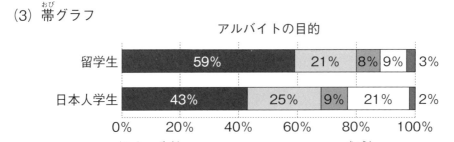

アルバイトの目的

留学生 59% 21% 8% 9% 3%

日本人学生 43% 25% 9% 21% 2%

■生活のため □趣味・娯楽のため ■社会勉強のため □貯金のため ■その他

（調査対象：S大学の学生86人（うち日本人43人、留学生43人））

（4）折れ線グラフ

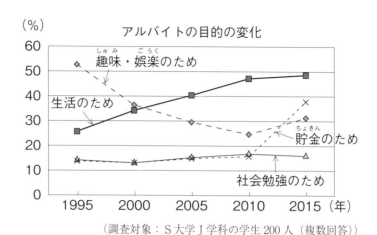

（調査対象：Ｓ大学Ｊ学科の学生200人（複数回答））

2）グラフの説明で使うことば

軸：　　縦軸　　横軸

線：　　点線　　実線

部分：　黒い／白い部分　　斜線部分　　細かい／粗い網かけ部分

変化：　増える／増加する　　減る／減少する　　増減を繰り返す

　　　　上昇する　　下降する

　　　　差が開いてくる　　差が縮まってくる

　　　　移り変わり／推移　　伸び　　傾向　　横ばい

　　　　徐々に　　大幅に　　急激に　　年々　　～年以降

その他：～を上回っている　　～を下回っている　　～を占めている

　　　　平均　　水準　　ピーク　　複数回答　　割合

3）グラフの説明で使う表現

・これは＿＿＿＿＿＿＿＿＿＿＿＿＿＿＿＿を表しているグラフです。

・縦軸は＿＿＿＿＿＿＿＿＿＿＿を示し、横軸は＿＿＿＿＿＿＿＿＿＿＿

　を示しています。

・縦軸／横軸に＿＿＿＿＿＿＿＿＿＿がとってあります。

・単位は＿＿＿＿＿＿＿です。

・＿＿＿＿＿＿を見ると、＿＿＿＿＿＿が＿＿＿＿＿＿＿＿＿＿
＿＿＿＿＿＿となっています。

・＿＿＿＿＿＿は、＿＿＿＿＿と比較して、＿＿＿＿＿＿＿＿＿＿。

・＿＿＿＿＿＿が＿＿＿＿＿＿＿のに対して、＿＿＿＿＿＿＿。

・このグラフから＿＿＿＿＿＿＿＿＿＿＿ということがわかります／
言えます／読み取れます。

２．賛成意見、反対意見を述べるときの表現

１）自分の意見を言う

・_____と思います。

・_____んじゃないでしょうか。

２）賛成する

・いいですね。

・その通りだと思います。

・おっしゃる通りだと思います。

・その点に関しては私も同じ意見です。

・私は、××さんの意見に賛成です。

・それについては、異論ありません。

３）反対する

・そうでしょうか。

・うーん、どうでしょうか。

・そうかもしれませんが、私は_____と思います。

・ある意味ではそうかもしれません。しかし、_____。

・そうですね。確かに、ある意味では_____が、しかし、_____。

・_____という点では確かに_____ですが、_____。

４）相手の発言を確認する

・つまり（××さんのおっしゃるのは）_____ということですね。

・今の発言は_____と理解しましたが、よろしいでしょうか。

５）発言の前置き

・これは、一般的に言われていることですが、_____。

・ご存じかもしれませんが、＿＿＿＿＿＿＿＿。

・先ほど、××さんがおっしゃいましたが、＿＿＿＿＿＿＿＿。

3．情報交換レジュメ

名前 _____

1．タイトル：

2．出典<ruby>出典<rt>しゅってん</rt></ruby>：

3．キーワード：

4．本文のまとめ：

5．意見・感想：

４．アンケート調査と口頭発表

1）アンケート調査計画

名前 ＿＿＿＿＿＿＿＿＿＿

（1）テーマ

（2）テーマを選んだ理由

（3）アンケートの対象：　・職業：社会人、日本人学生、留学生…

　　　　　　　　　　　　・性別：男性、女性

　　　　　　　　　　　　・年齢（10代、20代、30代、40代、50代…）

（4）テーマについて知っていること

・
・
・
・

（5）テーマについて知りたいこと

・
・
・
・

（6）予想できること

２）アンケートシートの例

SNS 利用についてのアンケート

性別： 　男性　　　　女性
年齢： 　10代　　20代　　30代　　40代　　50代以上
職業： 　_____

1．あなたはスマホやパソコン上のコミュニケーションツール、SNS を利用していますか。
　　（　　　　）毎日利用している　　　（　　　　）時々利用している
　　（　　　　）あまり利用しない　　　（　　　　）全然利用しない　→５番へ

2．SNS でどんな機能を利用しますか。
　　（　　　　）プロフィール　　　　　（　　　　）日記
　　（　　　　）写真や動画の投稿   （　　　　）コメント
　　（　　　　）チャット　　　　　　　（　　　　）友達紹介
　　（　　　　）コミュニティーに参加　（　　　　）その他

3．SNS 上だけの友達がいますか。
　　（　　　　）いる　　　　　　　　　（　　　　）いない

4．SNS を通じて知り合った人と
　　a）実際に会ったことがありますか。 b）会うことに抵抗がありますか。
　　　　（　　　　）ある　　　　　　　　（　　　　）抵抗はない
　　　　（　　　　）ない　　　　　　　　（　　　　）少し抵抗がある
　　　　　　　　　　　　　　　　　　　　（　　　　）非常に抵抗がある

5．今後はどのようにしたいですか。
　　（　　　　）利用したい
　　（　　　　）利用時間を増やしたい（　　　　）同じように利用していきたい
　　（　　　　）利用時間を減らしたい（　　　　）利用したくない
　　（　　　　）その他_____

6．SNS のいい点は何だと思いますか。三つ選んでください。

（　　　）知らない人と友達になれる

（　　　）あまり会わない友達と連絡が取れる

（　　　）目的に合った友達が作れる

（　　　）さまざまな情報が得られる

（　　　）人脈が作れる

（　　　）暇つぶしができる

（　　　）その他＿＿＿＿＿＿＿＿＿＿＿＿＿＿＿＿＿＿＿＿

7．SNS のよくない点は何だと思いますか。三つ選んでください。

（　　　）知らない人からのアクセスが嫌だ

（　　　）プライベートなことが知られてしまう

（　　　）時間を取られる

（　　　）悪用する人や犯罪のリスクがある

（　　　）友達の輪は広がるが関係は薄くなる

（　　　）その他＿＿＿＿＿＿＿＿＿＿＿＿＿＿＿＿＿＿＿＿

8．あなたにとって SNS はどういうものですか。

☆ご協力ありがとうございました。

３）アンケートの仕方

（1）話しかけ

- ・ちょっとすみません。
- ・あのう、今、ちょっとよろしいでしょうか。

（2）自己紹介

- ・私は（国）の（名前）と申します。
- ・（学校名）で日本語を勉強しています。

（3）依頼

- ・授業で～についてアンケートをしているんですが……。ちょっとよろし
  いですか。
- ・アンケートをお願いできますか／アンケートにご協力いただけますで
  しょうか。

> アンケートに記入してもらう ＞

（4）お礼

- ・どうもありがとうございました。
- ・お忙しいところありがとうございました。
- ・ご協力ありがとうございました。

４）アンケート調査結果の発表

（1）発表の構成

タイトル	
目的	関心を持った理由、何を知りたいと思ったか
予測	調査結果についての予測
実施内容	月日、場所、対象（職業、性別、年代、人数など）
結果	データ、重要なポイント
考察・意見	分析（何がわかったか、どうしてそういう結果になったか、データとの関連性など） 解決案、提案、将来についての予測など
キーワード	重要なことばや理解を助けることば
発表のときに使う資料	グラフ、表、絵、写真、レジュメ、音声、映像、その他

（2）発表の表現

①発表の開始

　　・では、始めます。私の発表は～です。

　　・これから～について発表したいと思います。

　　・それでは、～について、アンケート調査した結果をお話ししたいと思います。

②発表の順序、展開

　　・まず、～。

　　・次に、～。

　　・その次に／それから、～。

　　・最後に、～。

③資料の提示

　　・ちょっとこのグラフをご覧ください。

　　・ここで少し～表をお見せしたいと思います。

④説明

　　・～という質問に対して、～と答えた人は～人で、全体の～％でした。

・〜について聞いたら／質問したところ、〜という答えが最も多かったです／と答えた人が半数以上でした／〜という結果が出ました。

・〜は、〜ということを表しています。

・以上がアンケート調査の結果です。

・（この結果）から、〜ということがわかりました。

⑤意見述べ

　A．考察・意見

　　・〜と思いました／考えました。

　　・〜（の）ではないかと思います／ではないでしょうか。

　　・〜と思われます／考えられます。

　　・〜という点で〜です。

　　・〜ということが明らかになりました。

　B．主張

　　・〜べきだと思います／〜べきではないでしょうか。

　　・〜たほうがいいと思います。

　C．反論

　　・〜かもしれません。しかし〜。

　　・（確かに）〜については〜ですが、〜。

　D．最終的な提言・展望

　　・したがって、〜と考えます。

　　・以上のことから、〜と思います。

　　・以上のことから、〜が期待されます／予測されます。

⑥発表の終了

　・これで〜についての発表を終わります。

　・（私の発表は）以上です。

　・以上、〜についてお話ししました。

⑦質疑応答

　・何か質問はありませんか。

　・質問やコメントがありましたら、お願いします。

5．インタビュー調査と口頭発表

1）インタビュー調査計画

名前 _____

（1）テーマ

（2）テーマを選んだ理由

（3）インタビューの対象： ・職業：社会人、日本人学生、留学生…
・性別：男性、女性
・年齢（10代、20代、30代、40代、50代…）

（4）テーマについて知っていること

・
・
・
・

（5）テーマについて知りたいこと

・
・
・
・

（6）予想できること

2）インタビューの例

家庭教育に関するインタビュー調査

1．調査目的：子どものしつけについて

2．調査日時：○年×月△日午後2時～3時

3．調査場所：喫茶店「キャビン」

4．調査対象：小学生を育てている親（坂田ひろみさん　36歳）

5．質問：

・どんなときに、褒めたり叱ったりしていらっしゃいますか。

・褒めること、叱ることの効果や影響についてどうお考えですか。

・体罰についての考えをお聞かせください。

・子どものプライバシーについてどうお思いになりますか。小学生は親のコントロールがどの程度必要だと思われますか。

・ご自身の家庭教育において、父親の役割、母親の役割がありますか。

・ご夫婦の間で教育方針について、どのようなことを話し合われますか。

・学校教育には何を期待しますか。

・家庭教育では何が大切だと思いますか。

⋮

3）インタビューの仕方

（1）準備（電話かメールで約束する）

　①自己紹介

　②依頼

　　・授業で〜について調べているんですが、インタビューをお願いできます

　　　でしょうか。／インタビューにご協力いただけますか。

　③日時と場所の決定

　　・（日時）のご都合はいかがでしょうか。

（2）実施

　①質問

　　・例えば、どんな例がありますか。

　　・もう少し詳しく話していただけませんか。

　　・その「〜」というのは、どういう意味ですか。

　　・〜について、どうお考えですか。

　②聞き返し

　　・何とおっしゃいましたでしょうか。

　　・「何〜／〜何」でしょうか。

　　・すみません。もう一度お願いします。

　③お礼

　　・お忙しいところありがとうございました。

　　・ご協力ありがとうございました。

　④あいづち

　　・ええ／はい／そうですね／そうですか／そうなんですか。

4）インタビュー調査結果の発表

（1）発表の構成

タイトル	
目的	関心を持った理由、何を知りたいと思ったか
予測	調査結果についての予測
実施内容	月日、場所、対象（職業、性別、年代、人数など）
結果	データ、重要なポイント
考察・意見	インタビューした人の立場を考えながら意見を分析し、自分の意見を述べるなど
キーワード	重要なことばや理解を助けることば
発表のときに使う資料	グラフ、表、絵、写真、レジュメ、音声、映像、その他

（2）発表の表現

①発表の開始

　・では、始めます。私の発表は〜です。

　・これから〜について発表したいと思います。

　・それでは、〜について、インタビューし、まとめた結果をお話ししたいと思います。

②発表の順序・展開

　・まず、〜。

　・次に、〜。

　・その次に／それから、〜。

　・最後に、〜。

③資料の提示

　・ちょっとこの図をご覧ください。

　・〜の写真について、少しご紹介したいと思います。

④説明

　・〜について聞いたら／質問したところ、〜さんは〜と言っていました／おっしゃっていました／〜というご意見でした。

・以上がインタビューの内容です。

・このインタビュー（の結果）から、～ということがわかりました。

⑤意見述べ

    A．考察<ruby>こうさつ</ruby>・意見

       ・～と思いました／考えました。

       ・～（の）ではないかと思います／ではないでしょうか。

       ・～という点で～です。

       ・～と思われます／考えられます。

    B．主張

       ・～べきだと思います。／～べきではないでしょうか。

       ・～たほうがいいと思います。

    C．反論

       ・～かもしれません。しかし～。

       ・（確かに）～については～ですが、～。

    D．最終的な提言<ruby>ていげん</ruby>・展望<ruby>てんぼう</ruby>

       ・したがって、～と考えます。

       ・以上のことから、～と思います。

       ・以上のことから、～が期待されます。

⑥発表の終了

   ・これで～についての発表を終わります。

   ・（私の発表は）以上です。

   ・以上、～についてお話ししました。

⑦質疑応答<ruby>しつぎおうとう</ruby>

   ・何か質問はありませんか。

   ・質問やコメントがあったら、お願いします。

6．文献調査

1）文献調査計画

名前 _____

（1）テーマ

（2）テーマを選んだ理由

（3）テーマについて知っていること

・
・
・
・

（4）テーマについて知りたいこと

・
・
・
・

（5）予想できること

（6）調査方法

（　）本　（　）雑誌　（　）新聞　（　）インターネット

その他 _____

２）文献調査の仕方

（1）図書館へ行く

＊わからないことがあったら、図書館の係の人に聞く。

・〜についての本を探しているのですが……。

・教育関係の論文はどこにありますか。

Cf. 日本図書館協会図書館リンク集

https://www.jla.or.jp/link/tabid/95/Default.aspx

（2）インターネットを利用する

＊情報が信頼できるかどうか、新しいかどうかに注意する。

Cf. 日本政府の白書 https://www.e-gov.go.jp/publication/

（3）出典を書く

筆者、発行年、論文名、書名、出版社、掲載ページなど

例：江原絢子他（2009）「現代の食生活」、『日本 食物史〜日本人は何を食べてきたか』吉川弘文館、pp.313-348

＊インターネットや新聞の場合

例：・内閣府「男女共同参画白書　令和元年版」

http://www.gender.go.jp/about_danjo/whitepaper/r01/zentai/index.html

2020 年 3 月 13 日アクセス

・『日本経済新聞』2019 年 2 月 14 日「食品ロス『もったいない』」

（4）引用／要約をする

引用：元の文献に書いてあることをそのまま書き写したもの

要約：元の文献に書いてあることを自分のことばでまとめたもの

３）文献メモの例

書名／記事名	『日本経済新聞』2019 年 2 月 14 日「食品ロス『もったいない』」
キーワード	食品ロス、もったいない、規格外野菜、需要予測、小盛りメニュー
引用 または 要約	「農林水産省などによると、国内で発生する食品ロスは年間 646 万トンに上る」（引用）
	一人ひとりが「もったいない」精神で食品ロスの削減に取り組めば、対策は大きく進む（要約）
メモ	・飲食店や流通現場からの提案 ・自治体や卸売市場での対策

４）文献調査結果のまとめ

（1）原稿の構成

例

タイトル

氏　名

キーワード：（5〜7 語程度）

１．はじめに

　・目的・背景：関心を持った理由、何を知りたいと思ったか

　・予測：調査結果について予想されることなど

２．調査方法と調査内容

３．調査結果

４．考察・意見

　・分析：複数の文献の共通点や相違点、わかったこと

　・意見：予想と比べてどうだったか

　　　　　賛成できる点・賛成できない点とその理由

5．結論

・目的が達成<ruby>達成<rt>たっせい</rt></ruby>されたか

・将来への課題・展望<ruby>展望<rt>てんぼう</rt></ruby>など

以上

〈文献<ruby>文献<rt>ぶんけん</rt></ruby>（出典<ruby>出典<rt>しゅってん</rt></ruby>）〉

書名<ruby>書名<rt>しょめい</rt></ruby>／記事名、筆者、タイトル、出版年、出版社　☞ p.118

〈参考ウェブサイト〉

サイト名、URL　☞ p.118

（2）原稿<ruby>原稿<rt>げんこう</rt></ruby>を書くときの表現

①原稿の書き出し

・本レポートでは、〜について述べたいと思う。

・〜について、さらに詳<ruby>詳<rt>くわ</rt></ruby>しく知りたいと思った。

②書き方の順序<ruby>順序<rt>じゅんじょ</rt></ruby>、展開

・まず、〜。　・次に、〜。　・その次に／それから、〜。　・最後に、〜。

③引用<ruby>引用<rt>いんよう</rt></ruby>・要約　☞ p.118

・〜では／によると、「　（引用内容）　」と述べている／ということである／と指摘<ruby>指摘<rt>してき</rt></ruby>している。

・〜は次のように述べている。〜。

④説明

・〜と〜で、共通点は〜ということである。しかし、相違点も見られる。

・以上が（文献）からの内容である。

⑤意見述べ

A．考察<ruby>考察<rt>こうさつ</rt></ruby>・意見

・〜と思う／思われる／考える／考えられる。

・〜のではないだろうか。

・〜という点で〜である。

・〜ということが明らかになった／確認された。

B．主張

　・〜べきである／べきではないだろうか。

　・〜たほうがいいであろう。

C．反論

　・〜かもしれない。しかし、〜。

　・（確かに）〜については〜であるが、〜。

D．結論

　・したがって〜と考える。

　・以上のことから、〜と言えるであろう。

　・今回の調査で、〜という点で理解を深めることができた。

E．提言・展望

　・今後、〜に関してさらに調査を続けていきたい。

　・以上のことから、〜が期待される。

　・今回〜について調査することができなかった。今後の課題としたい。

7．評価シート

1）情報交換発表評価

月　　　日

タイトル ［		］				
発 表 者 ［		］				
レジュメ	要約		3	2	1	0
	意見			2	1	0
	正確さ		3	2	1	0
発表	態度（目線など聞き手を意識しているか）		3	2	1	0
	話し方（声の大きさ、間の取り方など）		3	2	1	0
	発音／アクセント／イントネーション／流暢さ			2	1	0
	質疑応答			2	1	0
その他（発表時間、努力など）				2	1	0
		合計			／ 20	

【コメント】（よかった点、改善点など）

２）アンケート調査発表評価

月　　　日

テーマ ［		］				
名　前 ［		］				
アンケート	質問内容・形式			3	2	1	0
原稿	構成		4	3	2	1	0
	内容（まとめ／考察・意見）		4	3	2	1	0
	正確さ		4	3	2	1	0
発表	態度（目線など聞き手を意識しているか）			3	2	1	0
	話し方（声の大きさ、間の取り方など）			3	2	1	0
	発音／アクセント／イントネーション／流暢さ				2	1	0
	質疑応答				2	1	0
	発表資料（内容、示し方）			3	2	1	0
その他（発表時間、努力など）					2	1	0
		合計				／ 30	

【コメント】（よかった点、改善点など）

3）インタビュー調査発表評価

月　　　日

テーマ ［					］			
名　前 ［				］				
インタビュー内容			4	3	2	1	0	
原稿	構成		4	3	2	1	0	
	内容 （まとめ／考察・意見）		4	3	2	1	0	
	正確さ		4	3	2	1	0	
発表	態度 （目線など聞き手を意識しているか）			3	2	1	0	
	話し方 （声の大きさ、間の取り方など）			3	2	1	0	
	発音／アクセント／イントネーション／流暢さ				2	1	0	
	質疑応答				2	1	0	
	発表資料 （内容、示し方）				2	1	0	
その他 （発表時間、努力など）					2	1	0	
		合計				／ 30		

【コメント】（よかった点、改善点など）

4）文献調査と冊子作成評価

月　　　日

| テーマ [|] |
| 名　前 [|] |

調査活動	資料収集	4　3　2　1　0
原稿	構成	4　3　2　1　0
	調査資料のまとめ方	5　4　3　2　1　0
	考察・意見	4　3　2　1　0
	引用形式／文献リスト	4　3　2　1　0
	正確さ	4　3　2　1　0
冊子作り（編集、製本など）		3　2　1　0
その他（努力など）		2　1　0
合計		／ 30

【コメント】（よかった点、改善点など）

「読み物」の解答例

1．食文化

「生で食べるか、焼いて食べるか」を読んで

1．1）×　2）×　3）×　4）○　5）○　6）○

2．1）手を加えた料理をプラスイメージでとらえている点で共通している。

2）「焼く」「煮る」「ゆでる」のように熱を加えて処理したもの。

3）生で食べることがいちばんいいという価値観。（生で食べられなかったら焼く、焼いて食べられなかったら煮る、煮ても食べられなかったら捨てるという考え方。）

2．仕事

「働くということ」を読んで

1．1）○　2）○　3）×　4）×　5）×　6）×　7）×

2．1）・個人の夢や目標に関する価値

・仕事のプロセスに関する価値

・生活の維持に関する価値

2）自分が必要とされていると実感し、仕事をする喜びを見つけた。

3．生活習慣と宗教

「宗教心」を読んで

1．1）○　2）○　3）○　4）○　5）○　6）×　7）×　8）○

2．1）宗教に関わりなく自由に形式を選んで結婚式を挙げる。例えば、教会で挙げる人もいるし、神道のやり方や仏式で挙げる人もいる。また、神でなく人に誓う人もいる。

2）ごく自然だと思っていて矛盾を感じない。

４．リサイクル

「循環型社会」を読んで

1. 1）×　2）○　3）×　4）○　5）×　6）○　7）○
2. 1）・ペットボトルのリサイクル

   使用する石油は、新品を作る場合の４倍近くになる。

   ・牛乳パックのリサイクル

   トイレットペーパーを作る場合、水やエネルギーを浪費するから。

   2）ａ）循環型社会：

   社会の中の物質を循環させることで天然資源の消費を抑え、環境への負荷を少なくしようとすること。

   ｂ）基本理念：３Ｒ（リデュース、リユース、リサイクル）

５．ジェンダー

「男の領域、女の領域」を読んで

1. 1）○　2）×　3）○　4）○　5）○　6）×　7）×
2. 1）・共働き家庭が増え、「男らしく、あるいは女らしく振る舞う」必要がなくなったこと。

   ・ワークライフバランスの考え方が浸透してきたこと。

   2）・女性が家事、育児を主に行うこと。

   ・男性が機械の分野を担当すること。

   ・男性が働いて一家を支えること。

表現リスト

1．食文化
- ～によって
- 言うまでもなく
- ～なくして～ない
- ～において
- ～にすれば
- ～にともなう

2．仕事
- ～といえば
- ～分
- ～ことから
- ～からといって～
- ～も～ば、～も
- ～。だからこそ、～

3．生活習慣と宗教
- ～に関わりなく
- ～に対して
- ～から～にかけて
- ～まで
- ～ほど
- ～わけではない

4．リサイクル
- ～はもとより～
- ～。一方では～
- ～どころか～
- ～上
- ～とは限らない

5．ジェンダー
- ～たとたん
- ～とされている
- ～というわけだ
- ～たものの
- ～にしても
- ～というのに

編著者
安藤節子　元桜美林大学リベラルアーツ学群　准教授
佐々木薫
赤木浩文　東京藝術大学　特任講師、東京外国語大学　非常勤講師
坂本まり子　元日本大学日本語講座　非常勤講師
田口典子　元日本大学日本語講座　非常勤講師

執筆協力者
　宮川光恵　原田三千代　白井香織　西川悦子　草野宗子　末田美香子　鈴木孝恵

イラスト
　向井直子

装丁デザイン
　山田武

新訂版　トピックによる日本語総合演習
テーマ探しから発表へ　上級

2001 年 12 月 3 日　初版第 1 刷発行
2010 年 4 月 15 日　改訂版第 1 刷発行
2020 年 10 月 19 日　新訂版第 1 刷発行
2024 年 5 月 30 日　第 3 刷 発 行

編著者　安藤節子　佐々木薫　赤木浩文　坂本まり子　田口典子
発行者　藤嵜政子
発　行　株式会社スリーエーネットワーク
　　　　〒 102-0083　東京都千代田区麹町 3 丁目 4 番
　　　　　　　　　　　トラスティ麹町ビル 2F
　　　　電話　営業　03（5275）2722
　　　　　　　編集　03（5275）2725
　　　　https://www.3anet.co.jp/
印　刷　倉敷印刷株式会社

ISBN978-4-88319-867-2 C0081